중고등학생을 위한

표준 한국어

익힘책

국립국어원 기획 · 심혜령 외 집필

의사소통

3

마리북스

발간사

국립국어원에서는 교육부 2012년 '한국어 교육과정' 고시에 따라 교육과정을 반영한 학교급별 교재 개발을 진행하였습니다. 이어서 2017년 9월에 '한국어 교육과정'이 개정·고시 (교육부 고시 제2017-131호)됨에 따라 2017년에 한국어(KSL) 교재 개발 기초 연구를 수행하였습니다. 그 연구 결과를 바탕으로 초등학교 교재 11권, 중고등학교 교재 6권을 개발하여 2019년 2월에 출판하였습니다.

교재에 이어서 학교 현장에서 다문화가정 학생들의 한국어 의사소통 및 학습 능력을 기르는 데 보탬이 되고자 익힘책을 개발하게 되었습니다. 교재와의 연계성을 높인 내용으로 구성하여 말 그대로 익힘책을 통해 한국어를 더 잘 익힐 수 있도록 노력하였습니다. 더불어 익힘책의 내용을 추가 반영한 지도서를 함께 출판하여 현장에서 애쓰시는 일선 학교 담당자들과 선생님들에게도 교재 사용의 길라잡이를 제공하고자 하였습니다.

'다문화'라는 말이 더 이상 낯설지 않은 한국 사회에서 다문화가정 학생들이 한국 사회 구성원으로서의 정체성 함양에 밑거름이 되는 한국어 능력을 기르는 데《중고등학생을 위한 표준 한국어》가 도움이 되기를 바랍니다. 국립국어원에서는 이제껏 그래왔듯이 교재 개발 결과가 현장에서 보다 잘 활용될 수 있도록 돕기 위하여 교재 개발은 물론, 교원 연수 등을 통해 지속적으로 다문화가정 학생들의 한국어 능력 향상을 위해 노력하겠습니다.

끝으로 3년간《중고등학생을 위한 표준 한국어》교재와 익힘책, 지도서의 개발과 발간을 위해 애써 주신 교재 개발진과 출판사에 깊은 감사의 말씀을 드립니다.

2020년 1월
국립국어원장   소강춘

머리말

이제 한국은 경제, 사회, 문화 등 다양한 측면에서 국제화 시대를 선도하는 성공적인 글로벌 국가로 성장하였습니다. 이러한 대외적 글로벌화의 성공과 더불어 내부적으로도 본격적인 다문화 사회로의 전환 시대를 맞이하였습니다. 국제결혼, 근로 이민, 장단기 유학, 나아가 선향적 방향에서의 새외 동포 교류, 새터민 유입 등의 여러 가지 요인에 의해 지금까지의 민족 공동체, 문화 공동체, 국가 공동체의 개념을 뛰어넘는 한반도 내 삶의 공동체 시대를 살아가게 된 것입니다.

다양한 다문화 구성원들과 어떻게 조화롭고 공정하게 삶의 공동체를 꾸려 갈 것인가? 이것이 중요한 우리의 과제가 되고 있는 이때, 특히 다문화 배경을 가진 학령기 청소년, 이른바 KSL 학습자들은 우리 사회의 건강한 미래를 책임지게 될 것이라는 점에서 그들에 대한 모두의 관심과 배려가 더욱 필요합니다.

다행히 우리 사회는 이 부분에 있어 사회적 공감과 정책적 구체화에 일찌감치 눈을 떠 2017년 KSL 학습자의 언어, 문화, 학습의 특수성을 고려한 개정 '한국어 교육과정'을 마련하였고 그 교육과정의 구체적 구현을 위해 노력해 오고 있습니다. 특히 2018년에는 교육 현장의 다양성을 고려한 모듈형 교재가 새롭게 개발되었습니다. 이 교재는 학습자와 교육 현장의 개별성에 맞게 활용할 수 있는 확장성과 활용성을 높인 '개별 교육 현장 적합형 모듈 교재'로서 현재 다양한 교육 현장에서 학생 맞춤형의 교육에 활용되고 있습니다.

그리고 이제 이러한 현장 적합형 모듈 교재를 그 취지와 현장의 개별성에 맞추어 효율적으로 사용하는 데에 도움을 주기 위한 목적으로 KSL 한국어 학습과 연습을 위한 《중고등학생을 위한 표준 한국어 익힘책》이 개발되어 교육 현장에서 활용 가능하게 되었습니다.

이 익힘책은, 교재가 의사소통을 위한 교재와 학습을 위한 교재로 나뉘어 있는 만큼 각각 〈의사소통 한국어 익힘책〉과 〈학습 도구 한국어 익힘책〉의 두 가지 유형으로 개발하였습니다. 특히 〈의사소통 한국어 익힘책〉은 단계별로 학습한 내용을 충실히 연습하게 하는 것은 물론이고, 현장마다의 특수성에 따라 모듈화하여 활용하게 한 모듈 교재의 적절한 활용을 위해 특정 단계 학습 전 자가 진단이 가능하도록 자가 진단의 익힘 문제들을 따로 구성하였습니다. 이를 통해 교육과 학습의 적절성 및 편의성을 도모하고자 하였습니다. 뿐만 아니라 단원별로 학습하고 연습한 내용을 권당 한 회씩 등급별로 종합하여 재복습할 수 있게 함으로써 의사소통 능력 향상의 실제화를 꾀하였습니다.

〈학습 도구 한국어 익힘책〉은 학령별 특성을 감안하여 중학생용과 고등학생용으로 나누어 개발하였습니다. 그래서 다문화 배경을 가진 중학생과 고등학생이 학업을 수행하기 위해 요구되는 기본적인 학습 기능을 복습하고, 학습한 교재의 내용을 충분히 연습할 수 있도록 하였습니다. 뿐만 아니라, 학교생활에 필요한 학습 기능을 다양한 학습 활동에서 응용하여 익힐 수 있도록 연계성을 높여 구성하였습니다.

이렇듯 익힘책은 《표준 한국어》 교재가 가진 효율성을 극대화하고 더 나아가 교재가 가진 현실적 한계를 극복하여 보충, 심화 교육 자료로서의 역할도 담당하게 될 것입니다. 이 익힘책이 교육 현장에서 적극적으로 활용될 수 있기를 기대합니다.

다문화 배경의 학령기 청소년이 자신의 언어적, 학습적 특성에 맞게 〈의사소통 한국어〉와 〈학습 도구 한국어〉를 효율적으로 학습하는 데에 도움을 주고자 진행된 이번 익힘책 개발은 여러 기관과 많은 관계자들의 지원과 노력이 없이는 불가능했습니다. 우선 이 새로운 방식의 익힘책이 완성되기까지 지지와 지원을 아끼지 않으신 교육부와 국립국어원 관계자 여러분께 깊이 감사드립니다. 또한 새 시대에 맞는 새 교재가 보다 효율적으로 사용될 수 있도록 새로운 익힘책을 만들어 보자는 의지와 열정으로 익힘책 집필에 노력을 다 바쳐 온 집필진 모두에게 진심에서 우러나오는 감사를 드립니다. 더불어 시대의 흐름과 청소년 학습자 선호도에 맞춘 편집과 삽화 등으로 교재에 이어 익힘책의 새로운 방향을 마련해 주신 마리북스 출판사에도 감사의 말씀을 드립니다.

이 교재 집필진 및 관계자와 이 사회 구성원 모두의 지지와 염원이 담긴 본 익힘책이 KSL 학습자의 특수성에 부합되고 필요성을 충족시키면서 보충과 심화의 교육 기능까지도 담당하여, 생활과 학업에서 성취를 이루는 데에 기여할 수 있기를 희망합니다.

2020년 1월
저자 대표 심혜령

일러두기

《중고등학생을 위한 표준 한국어 익힘책》(의사소통 3)은 다문화 배경을 가진 청소년 학습자들이 일상생활과 학교생활에서 필요한 초급 수준의 한국어를 교재에서 학습한 후 교재의 내용을 충분히 연습할 수 있도록 교재와의 연계성을 높여 구성하였다. 초급 학습자가 해당 권을 학습하기 전 한국어 실력을 확인해 보는 '자가 확인' 단원을 1개 두었으며, 본교재의 단원과 동일한 주제를 가지고 본교재에서 배운 내용을 익힐 수 있도록 하는 익힘 단원을 8개 두었다. 또한 교재 3권의 내용 전체를 종합적으로 연습해 볼 수 있는 '종합 연습' 단원을 1개 두어 총 10개 단원으로 구성하였다.

● **'자가 확인'**은 해당하는 교재 각 권을 학습하기 전에 학습자가 그 해당 교재를 학습할 수준이 되는지를 확인하는 문제들로 이루어져 있는데, 그 문제의 난이도는 학습할 해당 교재보다 한 단계 낮은 수준으로 구성하였다. 총 20문제(어휘 8문제, 문법 8문제, 읽기 4문제)로 구성하였으며, 문제 뒤에는 마지막으로 자가 확인 문제에서 제시된 어휘와 문법을 재확인해 보는 자가 확인표를 제시하였다.

● **'종합 연습'**은 각 권의 교재에서 목표로 하는 수준 정도의 학습 성취를 이루었는지 확인하며 종합적으로 연습해 볼 수 있도록 내용을 구성하였다. 총 20개의 문제(어휘 8문제, 문법 8문제, 듣기와 읽기 4문제)로 구성하였으며, 교재의 '꼭 배워요'에서 학습한 어휘와 문법, '더 배워요'에 제시된 대화문과 읽기 지문을 활용하여 문제를 구성하였다.

〈교재 활용 정보〉
● 학습자 스스로 학습해야 할 내용에 대한 이해를 돕는 다양한 보충 문제를 연습할 수 있다.
● 교사는 교육 현장의 특성(학습자의 요구, 교육 시간, 학급 운영 상황 등)에 맞게 자료를 선택적으로 사용할 수 있다.

〈단원 구성〉

각 단원은 '도입, 어휘와 표현, 문법, 마무리' 4개로 구성하였다.

〈단원별 구성 내용〉

1. 도입: 단원명 → 학습 목표 → 삽화 → 단원 학습 내용
2. 어휘와 표현: 어휘를 익혀요
3. 문법: 문법을 익혀요 1 → 문법을 익혀요 2 → 문법을 익혀요 3 → 문법을 익혀요 4
4. 마무리: 학습 일지 → 이삭줍기

〈도입〉

■ 도입에 단원명, 학습 목표, 단원 학습 내용을 명확하게
  제시하였다.

〈어휘와 표현〉

어휘를 익혀요

■ 교재에서 제시된 주제 어휘 및 꾸러미 어휘를 잘 이해
  하고 사용할 수 있도록 연습 문제를 구성하였다.

〈문법〉

문법을 익혀요

■ 각 단원에 제시된 문법 항목을 순서대로 연습할 수 있도록 '문법을 익혀요 1~4'로 제시하였나.

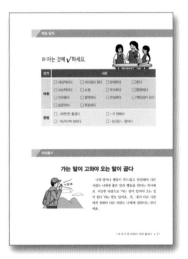

〈마무리〉

① 학습 일지

■ 학습한 어휘와 문법에 대해 학습자가 스스로 이해 여부를 확인할 수 있도록 체크리스트 작성 형식으로 구성하였다.

② 이삭줍기

■ 각 단원의 학습 주제에 부합하는 의성·의태어, 관용어, 속담 등을 제시하였다.

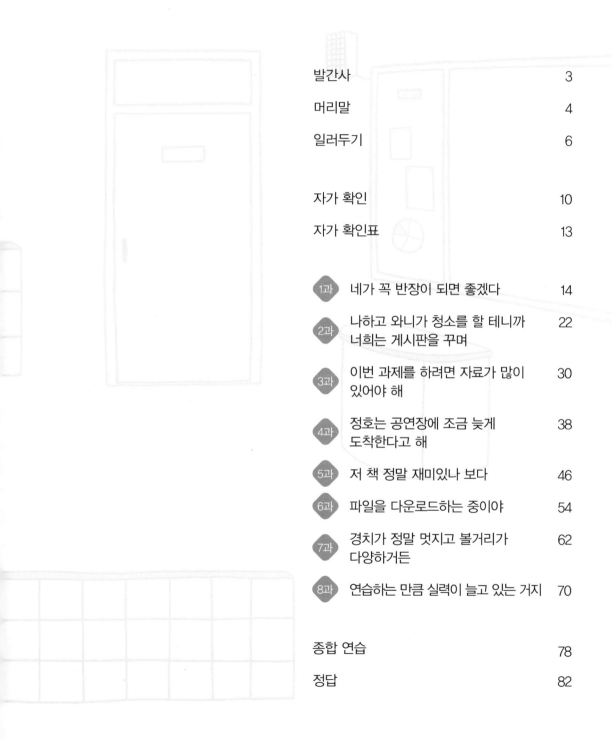

[1-4] 서로 의미가 반대인 것을 골라 연결하세요. (각 4점)

1. 덥다   ●   ● 춥다

2. 맞다   ●   ● 틀리다

3. 찾다   ●   ● 복습하다

4. 예습하다   ●   ● 잃어버리다

[5-8] 빈칸에 알맞은 말을 고르세요. (각 5점)

5. 할아버지, _____ 드세요.
   ① 생신   ② 연세   ③ 진지   ④ 성함

6. 제 동생은 저보다 키가 _____ 더 커요.
   ① 가끔   ② 함께   ③ 혼자   ④ 훨씬

7. 설날에 시골에 가서 할머니와 할아버지께 _____을/를 해요.
   ① 떡국   ② 송편   ③ 세배   ④ 차례

8. 저는 주말에 _____ 친구와 자전거를 타러 공원에 가요.
   ① 아까   ② 점점   ③ 주로   ④ 별로

[9-12] 빈칸에 알맞은 말을 고르세요.

9. 저는 밥을 _____ 꼭 양치질을 해요. (5점)
   ① 먹으러   ② 먹지만   ③ 먹으면서   ④ 먹은 후에

10. 지난 주말 처음으로 서울에 있는 놀이공원에 _____. (5점)

  ① 가세요   ② 갈 거예요   ③ 가 봤어요   ④ 가고 싶어요

11. 우리는 다음 주 토요일 도서관 앞에서 2시에 _____. (6점)

  ① 만나고요   ② 만나고 있어요   ③ 만나기로 했어요   ④ 만난 적이 없어요

12. 오늘은 숙제가 _____ 내일 영화 보러 가자. (6점)

  ① 많거나   ② 많아도   ③ 많아서   ④ 많으니까

[13-16] 밑줄 친 부분이 **틀린** 것을 고르세요.

13. ① 저 운동화는 정말 비싸는 것 같아요. (5점)

  ② 가을이 지나니까 날씨가 점점 추워져요.

  ③ 한국어 숙제를 언제까지 내야 하는지 알아?

  ④ 학교 앞 식당은 손님이 너무 없어서 문을 닫게 되었어요.

14. ① 사진을 찍어서 모두 앞으로 나오세요. (5점)

  ② 저는 매일 운동을 하기 때문에 건강해요.

  ③ 영화관에 들어가기 전에 음료수를 샀어요.

  ④ 버스에서 졸다가 마지막 정류장까지 갔어요.

15. ① 친구들과 같이 먹으려고 빵을 샀어요. (6점)

  ② 우리는 밖으로 나가서 택시를 탔어요.

  ③ 영화표가 2장 있은데 영화 보러 갈래요?

  ④ 그 책을 읽은 지 오래되어서 기억이 안 나요.

16. ① 저는 냉면을 <u>먹을래요</u>. (6점)

② 오늘은 내가 복도 청소를 <u>할게</u>.

③ 나는 중국 음식을 <u>만들을 줄 알아요</u>.

④ 수업이 끝나면 친구들과 농구를 하러 <u>갈까 해요</u>.

[17-18] 다음을 읽고 질문에 답하세요.

(㉠)은 어머니와 아버지께 감사의 마음을 전하는 날입니다. 이날에는 부모님께 카네이션 꽃을 드립니다. 카네이션 꽃은 꽃집에서 사거나 직접 만들어 드릴 수도 있습니다. 그리고 꽃을 (㉡) "아버지, 어머니 감사합니다."라고 인사를 합니다.

17. ㉠에 들어갈 알맞은 말을 고르세요. (5점)

① 설날   ② 한글날   ③ 스승의 날   ④ 어버이날

18. ㉡에 들어갈 알맞은 말을 고르세요. (6점)

① 드릴 때   ② 드리니까   ③ 드리려면   ④ 드리기 때문에

[19-20] 다음을 읽고 내용과 같으면 ○, 다르면 ✕ 하세요. (각 5점)

지갑을 찾습니다

저는 1학년 1반 이선영입니다.
오늘 매점에서 파란색 지갑을 잃어버렸습니다.
지갑 안에 제 학생증이 들어 있습니다.
아버지께 받은 선물이라서 꼭 찾고 싶습니다.
혹시 지갑을 주우신 분은 아래 전화번호로 연락해 주세요.

☎ 010-1234-5678

19. 선영이는 학생증을 잃어버렸습니다. (   )

20. 선영이는 매점에서 지갑을 주웠습니다. (   )

자가 확인표

☒ 아는 것에 ✔하세요.

영역	내용			
어휘	☐ 가끔	☐ 덥다	☐ 떡국	☐ 맞다
	☐ 별로	☐ 복습하다	☐ 생신	☐ 성함
	☐ 세배	☐ 송편	☐ 아까	☐ 연세
	☐ 예습하다	☐ 잃어버리다	☐ 점점	☐ 주로
	☐ 진지	☐ 차례	☐ 찾다	☐ 춥다
	☐ 틀리다	☐ 함께	☐ 혼자	☐ 훨씬
문법	☐ -게	☐ -게 되다	☐ -기 때문에	☐ -기 전에
	☐ -기로 하다	☐ -는/은/ㄴ 것 같다	☐ -는/ㄴ/은데	☐ -는지 알다/모르다
	☐ -다가	☐ -어/아/여 보다	☐ -어지다/아지다/여지다	☐ -어서/아서/여서
	☐ -으니까/니까	☐ -으려고/려고	☐ -은/ㄴ 지	☐ -은/ㄴ 후에
	☐ -을/ㄹ 줄 알다/모르다	☐ -을게(요)/ㄹ게(요)	☐ -을까/ㄹ까 하다	☐ -을래(요)/ㄹ래(요)

1과 네가 꼭 반장이 되면 좋겠다

자신이 생각하는 좋은 방법을 추천할 수 있다.

자신의 생각을 주장할 수 있다.

더 배워요(선택)
학급 회의

꼭 배워요(필수)
적합한 대안 찾기

학습 도구(선택)
1. 계획서 작성하기

어휘	학급 회의 선거 반장 부반장 성격 능력 활발하다 사교적이다 적극적이다
	외향적이다 소극적이다 내성적이다 리더십이 있다 책임감이 있다 성실하다
	성적이 우수하다 인상이 좋다 이미지가 좋다 외모가 뛰어나다 의견 토론하다
	찬성하다 반대하다 의논하다 투표하다 단체 소원 습기 절약 최선
	응원하다 이성 자유롭다 바라다 밝다

문법	이 문제는 학급 회의 때 결정하**면 좋겠어**.
	축제 때 입기 **위해서** 단체 티셔츠를 주문하려고 합니다.
	밝**아 보여서** 참 좋다.
	호민이는 한국어를 잘하**는 편이에요**.

1. 알맞은 것을 골라 〈보기〉와 같이 대화를 완성하세요.

반대하다   찬성하다   토론하다   투표하다

① 여러분, 교복을 꼭 입어야 한다고 생각하세요? 우리 이 문제에 대해 〈보기〉 토론해 볼까요? 먼저, 와니 학생부터 자기 생각을 이야기해 주세요.

④ 의견 잘 들었습니다. 그럼 여러분 이제 이 문제에 대해 (3)_____ 주십시오. 각자 종이에 ○ 또는 ✕를 써서 투표함에 넣으면 됩니다.

교복을 꼭 입어야 한다 〈찬성vs반대〉

② 저는 교복을 꼭 입어야 한다는 의견에 (1)_____. 그 이유는 교복을 입지 않으면 학생인지 알 수 없기 때문입니다.

③ 제 생각은 좀 다른데요. 저는 교복을 꼭 입어야 한다는 의견에 (2)_____. 교복을 입으면 불편하기 때문입니다. 저는 학교에서 활동하기 편한 옷을 자유롭게 입으면 좋겠습니다.

2. 알맞은 것을 골라 〈보기〉와 같이 쓰세요.

내성적이다   사교적이다   리더십이 있다   책임감이 있다

우리 반의 반장과 부반장을 소개합니다. 반장 민우는 〈보기〉 리더십이 있어서 학급 일을 할 때 우리를 잘 이끌어 줍니다. 그리고 (1)_____ 친구들이 많고 여러 사람을 쉽게 잘 사귑니다. 부반장인 소연이의 성격은 조용하고 자기의 의견을 잘 표현하지 않는 (2)_____ 성격이지만 친구들을 잘 도와 줍니다. 그리고 (3)_____ 성격이라서 힘든 일이 생겨도 포기하지 않고 자기가 맡은 일을 끝까지 해냅니다.

3. 밑줄 친 부분을 가장 잘 설명한 것을 고르세요.

(1) 제 소원은 세계 여행을 하는 것이에요.

① 바라는 일   ② 기억에 남는 일

③ 경험해 본 일   ④ 꼭 해야 하는 일

(2) 우리 반에서 성적이 가장 우수한 사람은 소연이예요.

① 다른 사람보다 위로 올라가는

② 여러 사람 중에 특별히 뛰어난

③ 행동하는 것이 다른 사람보다 빠른

④ 자신의 능력을 여러 사람에게 보여 주는

4. 알맞은 것을 골라 〈보기〉와 같이 문장을 완성하세요.

밝다   응원하다   자유롭다   절약하다

〈보기〉

전기를 절약하기 위해서 교실에서 나갈 때 불을 꺼요.

(1) 항상 저를 _____ 주는 가족들이 있어서 힘이 나요.

(2) 봄에는 어두운 색의 옷보다 _____ 색의 옷을 입는 게 좋아.

(3) 토론 시간에는 제 생각을 _____ 이야기하고 친구들의 의견도 들을 수 있어서 좋아요.

1. '-으면/면 좋겠다'를 사용하여 〈보기〉와 같이 대화를 완성하세요.

> 〈보기〉
>
> 가: 이번 방학에 꼭 하고 싶은 일이 있어?
> 나: 가족들과 함께 제주도를 <u>여행하면 좋겠어</u>. (여행하다)

(1) 가: 요즘 비가 너무 많이 내리는 것 같아요.

　　나: 그러게요. 내일은 날씨가 _____. (맑다)

(2) 가: 손님, 신발 사이즈 잘 맞으세요?

　　나: 음, 발이 좀 불편해요. 사이즈가 좀 더 _____. (크다)

(3) 가: 동아리 모임을 해야 하는데 언제 하면 좋을까?

　　나: 평일에는 다들 바쁘니까 주말에 _____. (만나다)

2. '-으면/면 좋겠다'를 사용하여 〈보기〉와 같이 대화를 완성하세요.

> 〈보기〉
>
> 가: 저녁에 무엇을 먹으면 좋을까?
> 나: <u>비빔밥을 먹으면 좋겠어</u>.

(1) 가: 체험학습을 어디로 가면 좋을까?

　　나: _____.

(2) 가: 나중에 커서 뭐가 되고 싶어?

　　나: _____.

(3) 가: 새해 소원이 뭐예요?

　　나: _____.

1. '-기 위해서'를 사용하여 〈보기〉와 같이 문장을 완성하세요.

〈보기〉

축제를 <u>준비하기 위해서</u> 회의를 해요. (준비하다)

(1) 책을 _____ 도서관에 갔어요. (빌리다)

(2) 학교에 _____ 아침에 일찍 일어났어요. (늦지 않다)

(3) 가수가 _____ 노래 연습을 열심히 하고 있어요. (되다)

2. '-기 위해서'를 사용하여 〈보기〉와 같이 문장을 쓰세요.

〈보기〉

새 운동화를 사고 싶어요. 그래서 돈을 모으고 있어요.
→ <u>새 운동화를 사기 위해서 돈을 모으고 있어요</u>.

(1) 외국인 친구를 사귀고 싶어요. 그래서 영어 공부를 해요.

→ _____.

(2) 시험을 잘 보고 싶어요. 그래서 밤늦게까지 공부를 해요.

→ _____.

(3) 반장을 뽑아야 해요. 그래서 다음 주 학급 회의 시간에 투표를 해요.

→ _____.

1. '–어/아/여 보이다'를 사용하여 〈보기〉와 같이 대화를 완성하세요.

> 〈보기〉
>
> 가 : 어디 아파? <u>힘들어 보여</u>. (힘들다)
> 나 : 어제 잠을 한 시간밖에 못 잤어.

(1) 가 : 어? 샌드위치네. 정말 ＿＿＿＿＿＿＿＿. (맛있다)

　　 나 : 먹어 봐. 내가 직접 만든 거야.

(2) 가 : 너희 반 교실이 아주 ＿＿＿＿＿＿＿＿. (깨끗하다)

　　 나 : 응. 어제 대청소를 했어.

(3) 가 : 정호야, 요즘 정말 ＿＿＿＿＿＿＿＿. (바쁘다)

　　 나 : 다음 주에 동아리 공연이 있어서 준비해야 할 게 많아.

2. 그림을 보고 '–어/아/여 보이다'를 사용하여 〈보기〉와 같이 문장을 완성하세요.

> 〈보기〉
>
>
>
> 굽이 높은 구두를 신으니까 <u>키가 커 보여요</u>.

(1) 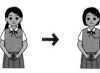　　머리를 짧게 자르니까 ＿＿＿＿＿＿＿＿.

(2) 　　영수가 ＿＿＿＿＿＿＿＿＿＿＿.

1. '–는/은/ㄴ 편이다'를 사용하여 〈보기〉와 같이 대화를 완성하세요.

〈보기〉

> 가: 세인아, 얼마 전에 생긴 학교 앞 분식집 어때?
>
> 나: 음식도 다양하고 맛있어. 그런데 좀 <u>비싼 편이야</u>. (비싸다)

(1) 가: 넌 무슨 음악을 자주 들어?

　　나: 요즘은 클래식을 자주 ＿＿＿＿＿＿＿＿. (듣다)

(2) 가: 요즘도 숙제가 많아?

　　나: 아니. 요즘은 조금 ＿＿＿＿＿＿＿＿. (적다)

(3) 가: 나나는 성격이 어때?

　　나: 적극적이고 ＿＿＿＿＿＿＿＿. (사교적이다)

2. '–는/은/ㄴ 편이다'를 사용하여 〈보기〉와 같이 대화를 완성하세요.

> 가: 수호야, 새로 간 학교는 어때? 집에서 가까워?
>
> 나: 응. 집에서 학교까지 걸어서 10분 정도 걸리니까 〈보기〉 <u>가까운 편이야</u>.
> 　　　　　　　　　　　　　　　　　　　　　　　　　　　(가깝다)
>
> 가: 친구들은 많이 사귀었어?
>
> 나: 응. 반 친구들이 모두 (1) ＿＿＿＿＿＿＿＿＿ 금방 친해졌어.
> 　　　　　　　　　　　　　　(활발하다)
>
> 　　요즘은 내가 모르는 게 있으면 친구들이 먼저 도와줘.
>
> 　　너는 어떻게 지내고 있어?
>
> 가: 숙제가 많아서 조금 (2) ＿＿＿＿＿＿＿＿＿ 잘 지내고 있어.
> 　　　　　　　　　　　　　(바쁘다)

☑ 아는 것에 ✔하세요.

영역	내용			
어휘	☐ 내성적이다	☐ 리더십이 있다	☐ 반대하다	☐ 밝다
	☐ 사교적이다	☐ 소원	☐ 우수하다	☐ 응원하다
	☐ 자유롭다	☐ 절약하다	☐ 찬성하다	☐ 책임감이 있다
	☐ 토론하다	☐ 투표하다		
문법	☐ -으면/면 좋겠다		☐ -기 위해서	
	☐ -어/아/여 보이다		☐ -는/은/ㄴ 편이다	

가는 말이 고와야 오는 말이 곱다

나의 말이나 행동이 부드럽고 친절해야 다른 사람도 나에게 좋은 말과 행동을 한다는 의미예요. 비슷한 속담으로 '가는 정이 있어야 오는 정이 있다.'라는 말도 있어요. 즉, 내가 다른 사람에게 잘해야 다른 사람도 나에게 잘한다는 말이에요.

나하고 와니가 청소를 할 테니까 너희는 게시판을 꾸며

학습 목표

다른 사람에게 자신의 의견을 제안할 수 있다.

다른 사람에게 어떤 일을 해 줄 것을 요청할 수 있다.

더 배워요(선택)
환경 미화

꼭 배워요(필수)
**교실 환경
꾸미기**

학습 도구(선택)
2. 협동 학습 하기

어휘	대청소를 하다 창 커튼을 치다 청소 도구함 걸레 바닥을 쓸다 대걸레 쓰레받기 빗자루 학사 일정 학급 신문 학급 게시판 가정 통신문 정보를 확인하다 꾸미다 학급 문고 급훈을 정하다 오리다 접다 미리 방해 재료 질 화분 끝내다 돕다 붙이다 쌓다 옮기다 이기다 자라다 챙기다
문법	환경 미화를 잘 끝낼 수 있**도록** 모두 다 참여했으면 좋겠어요. 내가 종이꽃을 접**을 테니까** 너는 그걸 게시판에 붙여 줘. 사진을 찍**는 대신에** 친구들 얼굴을 그리는 게 좋을 것 같아. 이 화분은 다른 데로 옮**겨 놓**는 게 좋겠어.

1. 알맞은 것을 골라 〈보기〉와 같이 대화를 완성하세요.

> 대걸레   대청소   빗자루   청소 도구함

① 애들아, 다음 주에 환경 미화 있는 거 알지?
그래서 오늘 수업이 끝난 뒤에 우리 반 모두 함께 〈보기〉 대청소를 해야 해.
각자 해야 할 일을 나눠서 하면 좋을 것 같아.

② 내가 (1) _____으로/로
교실 바닥을 쓸게.

③ 나는 (2) _____으로/로
바닥을 닦을게.

④ 그럼 나는 쓰레기를 정리해서 버리고 올게. 그리고 청소가 끝나면
청소 도구를 (3) _____에 잘 정리해 놓을게.

2. 알맞은 것을 골라 〈보기〉와 같이 쓰세요.

> 급훈   꾸미다   학급 문고   학급 신문   학사 일정

〈선영이의 일기〉   20**년 3월 27일

　요즘 우리 학교는 환경 미화 기간이다. 오늘은 수업이 끝나고 친구들과 함께
교실에 남아서 게시판을 예쁘게 〈보기〉 꾸몄다. 학급 게시판에는 시험이나 체육
대회 기간 등을 확인할 수 있는 (1) _____와/과 우리 반 소식을 알 수 있는
(2) _____을/를 붙였다. 그런데 (3) _____에 책이 몇 권 없었다.
그래서 안 보거나 다 읽은 책이 있으면 각자 내일까지 가져오기로 했다. 그리고
다 함께 상의해서 (4) _____을/를 '끝까지 최선을 다하자.'로 정했다.

3. 밑줄 친 부분을 가장 잘 설명한 것을 고르세요.

(1) 회의 시간 전에 만나서 <u>미리</u> 주제에 대해 이야기를 하고 가는 게 어때?

① 순서를 바꿔서　　　　　　② 다른 사람보다 빨리

③ 어떤 일이 있기 전에 먼저　④ 앞으로 일어날 일을 추측해서

(2) 공부를 하려고 책상에 앉았는데 동생이 계속 <u>방해</u>를 해요.

① 다른 일에 관심이 많은 것　　② 어떤 일에 문제가 생기는 것

③ 일이 잘되지 못하게 하는 것　④ 약속 시간보다 일을 늦게 하는 것

4. 알맞은 것을 골라 〈보기〉와 같이 문장을 완성하세요.

| 옮기다　　　이기다　　　자라다　　　챙기다 |

〈보기〉

제가 동생의 체육복과 실내화를 <u>챙겨</u> 줬어요.

(1) 교실 앞에 있는 책장을 친구들과 함께 교실 뒤로 _____.

(2) 축구 대회에서 우리 반이 다른 반을 _____ 상을 받았어요.

(3) 저는 다른 사람보다 머리카락이 빨리 _____ 미용실에 자주

가는 편이에요.

1. '-도록'을 사용하여 〈보기〉와 같이 문장을 완성하세요.

> 〈보기〉
>
> 멀리까지 잘 <u>들리도록</u> 크게 말씀해 주세요. (들리다)

(1) 감기가 빨리 _____ 약을 꼭 챙겨 드세요. (낫다)

(2) 시험 기간을 _____ 달력에 적으세요. (잊어버리지 않다)

(3) 필요할 때 바로 _____ 물건을 잘 정리해 놓자. (찾을 수 있다)

2. '-도록'을 사용하여 〈보기〉와 같이 문장을 쓰세요.

> 〈보기〉
>
> 10시가 넘다, 학교에서 응원 연습을 하다
> → <u>10시가 넘도록 학교에서 응원 연습을 했어요</u>.

(1) 목이 쉬다, 노래를 부르다

→ _____ .

(2) 손에 땀이 나다, 긴장하다

→ _____ .

(3) 일주일이 지나다, 친구에게서 답장이 없다

→ _____ .

1. '-을/ㄹ 테니(까)'를 사용하여 〈보기〉와 같이 문장을 완성하세요.

> 〈보기〉
>
> 내가 영화표를 살 테니까 너는 저녁을 사. (사다)

(1) 나도 늦지 않게 _____ 너도 빨리 와. (가다)

(2) 내가 뛰어가서 자리를 _____ 천천히 와. (맡아 놓다)

(3) 청소는 우리가 _____ 너희는 책상 정리를 해. (하다)

2. '-을/ㄹ 테니(까)'를 사용하여 〈보기〉와 같이 문장을 쓰세요.

> 〈보기〉
>
> 엄마 생신 선물로 내가 꽃을 사다, 네가 편지를 쓰다
> → 엄마 생신 선물로 내가 꽃을 살 테니까 네가 편지를 써.

(1) 내가 금방 가다, 조금만 기다리다

→ _____ .

(2) 축구공은 내가 찾다, 너는 체육복으로 갈아입다

→ _____ .

(3) 내가 사물함 위를 정리하다, 네가 쓰레기를 버리다

→ _____ .

1. '-는 대신에'를 사용하여 〈보기〉와 같이 대화를 완성하세요.

> 〈보기〉
>
> 가 : 이번 주말에 놀이공원에 가기로 했어?
>
> 나 : 아니. 놀이공원에 가는 대신에 동물원에 가기로 했어.
>
> (놀이공원에 가다)

(1) 가 : 시험도 끝났는데 영화 보러 갈까?

　　나 : ＿＿＿＿＿＿＿＿＿＿ 연극을 보러 가는 건 어때? (영화를 보다)

(2) 가 : 곧 어버이날인데 부모님께 화장품을 사 드릴까?

　　나 : ＿＿＿＿＿＿＿＿＿＿ 건강식품을 사 드리는 건 어때?

　　　　　　　　　　　　　　　　　　　　　　　(화장품을 사 드리다)

(3) 가 : 학급 게시판에 우리 반 친구들의 생일을 써서 붙여 놓을까?

　　나 : ＿＿＿＿＿＿＿＿＿＿ 학급 신문을 만들어 붙이는 건 어때?

　　　　　　　　　　　　　　　　　　　　　　　(생일을 써 붙이다)

2. '-는/은/ㄴ 대신에'를 사용하여 〈보기〉와 같이 문장을 쓰세요.

> 〈보기〉
>
> 이번 여름은 비가 많이 오다, 덥지 않다
>
> → 이번 여름은 비가 많이 오는 대신에 덥지 않아요.

(1) 이 약은 입에 쓰다, 몸에 아주 좋다

　　→ ＿＿＿＿＿＿＿＿＿＿＿＿＿＿＿＿＿＿＿＿＿.

(2) 그 가게는 물건이 비싸다, 품질이 좋다

　　→ ＿＿＿＿＿＿＿＿＿＿＿＿＿＿＿＿＿＿＿＿＿.

(3) 형이 들어간 회사는 할 일이 많다, 월급을 많이 주다

　　→ ＿＿＿＿＿＿＿＿＿＿＿＿＿＿＿＿＿＿＿＿＿.

1. '-어/아/여 놓다'와 '-어/아/여 두다'를 사용하여 〈보기〉와 같이 대화를 완성하세요.

> 〈보기〉
>
> 가: 교실이 시원하네요.
>
> 나: 조금 전에 에어컨을 <u>켜 놓았어요/켜 두었어요</u>. (켜다)

(1) 가: 방과 후 수업 신청서 냈어?

　나: 아니. 우선 신청서만 _____. (쓰다)

(2) 가: 세인아, 네 자전거 어디에 있어?

　나: 체육관 옆에 있는 자전거 주차장에 _____. (세우다)

(3) 가: 수호야, 토요일에 영화 보러 갈까?

　나: 그래, 좋아. 그런데 주말이니까 내가 표를 _____. (예매하다)

2. '-어/아/여 놓다'를 사용하여 〈보기〉와 같이 문장을 쓰세요.

> 어제 학교에서 환경 미화를 했어요.
>
> 선생님과 친구들이 함께 청소도 하고 교실도 꾸몄어요.
>
> 정호는 교실 바닥을 쓸고 쓰레기를 버렸어요.
>
> 저와 호민이는 창문이 더러워서 창문을 깨끗이 〈보기〉 <u>닦아 놓았어요</u>.
> (닦다)
>
> 선생님과 안나는 게시판을 예쁘게 (1) _____.
> (꾸미다)
>
> 그리고 우리는 새 빗자루와 걸레를 (2) _____.
> (사다)
>
> 이렇게 꾸며 놓은 교실을 보니까 기분이 좋았어요.

☑ 아는 것에 ✔하세요.

영역	내용			
어휘	☐ 급훈	☐ 꾸미다	☐ 대걸레	☐ 대청소
	☐ 미리	☐ 방해	☐ 빗자루	☐ 옮기다
	☐ 이기다	☐ 자라다	☐ 챙기다	☐ 청소 도구함
	☐ 학급 문고	☐ 학급 신문	☐ 학사 일정	
문법	☐ -도록		☐ -을/ㄹ 테니(까)	
	☐ -는/은/ㄴ 대신에		☐ -어/아/여 놓다/두다	

보기 좋은 떡이 먹기도 좋다

보기에도 예쁘니까 맛도 있을 것 같네.

겉모양이 좋으면 그 내용도 좋다는 의미예요. 내용이 좋아야 하는 것이 당연하지만 겉모양을 잘 꾸미는 것도 필요하다는 의미도 있어요. 품질이 비슷한 두 물건이 있을 때 디자인이 더 예쁜 쪽이 더 좋아 보인다는 말이에요.

3과 이번 과제를 하려면 자료가 많이 있어야 해

학습 목표

다른 사람과 어떤 일을 계획할 수 있다.
어떤 문제가 생겼을 때 그 문제를 해결할 수 있다.

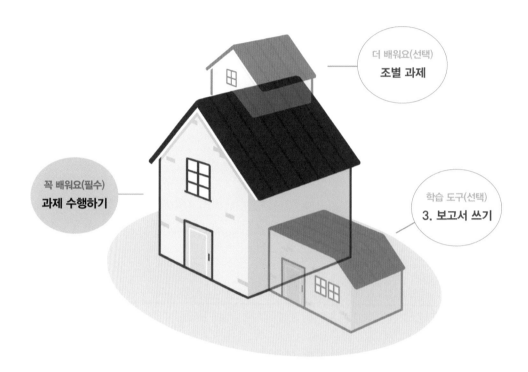

더 배워요(선택)
조별 과제

꼭 배워요(필수)
과제 수행하기

학습 도구(선택)
3. 보고서 쓰기

어휘	과제 보고서 독후감 발표 영상 개인 과제 모둠 과제 자료 조사
	조사하다 검색하다 참고하다 작성하다 파일을 저장하다 마우스
	키보드 제출하다 조별 두통 피로 풀리다 얼른 서두르다 담다
	하나하나 학부모 바뀌다

문법	요즘 와니가 영어 말하기 대회 준비 때문에 바쁘**잖아**.
	거의 다 끝**나 가**니까 잠깐만 기다려.
	다양한 정보를 찾**으려면** 인터넷을 검색하면 돼요.
	좋은 영화는 여러 번 **봐도** 늘 새로운 감동을 주잖아.

1. 알맞은 것을 골라 〈보기〉와 같이 쓰세요.

> 과제　　　발표　　　독후감　　　조사하다

여러분, 이번 주 〈보기〉 과제는 모두 두 개입니다. 먼저 이 책을 읽고 난 뒤에 느낀 점에 대해 (1) _____을/를 써야 합니다. 그리고 환경과 관련된 정보를 친구들 앞에서 (2) _____ 해야 합니다. 그러니까 내일까지 필요한 정보를 (3) _____ 오세요.

2. 알맞은 것을 골라 〈보기〉와 같이 쓰세요.

> 검색하다　　　작성하다　　　제출하다　　　참고하다

〈1조 모둠 과제 역할 나누기〉

번호	이름	역할
1	와니	인터넷에서 필요한 자료를 〈보기〉 검색해서 찾기
2	선영	도서관에 있는 책의 내용을 (1) _____ 정리하기
3	정호	친구들이 정리한 내용을 보고서로 (2) _____ 전체 모둠원에게 메일 보내기

※ 9월 6일까지 선생님께 과제 (3) _____ .

3. 밑줄 친 부분을 가장 잘 설명한 것을 고르세요.

(1) 나나야, 아침 여덟 시야. <u>얼른</u> 일어나서 나갈 준비를 해야지.

　① 생각하지 못한 시간에

　② 어떤 일이 끝난 조금 뒤에

　③ 특별한 일이 없는 보통 때

　④ 어떤 일을 하기까지 걸리는 시간이 짧게 바로

(2) 요즘 잠을 잘 못 자서 <u>피로</u>가 쌓였어요.

　① 몸이 피곤한 것

　② 몸이나 마음이 아픈 것

　③ 마음이 편하지 않고 급한 것

　④ 마음이 불편하거나 무거운 것

4. 알맞은 것을 골라 〈보기〉와 같이 문장을 완성하세요.

| 담다　　　바뀌다　　　풀리다　　　저장하다 |

〈보기〉

<u>풀리</u>지 않는 수학 문제가 있어서 선영이에게 물어봤어요.

(1) 과일을 예쁜 접시에 _____ 놓았어요.

(2) 나나의 머리 모양이 _____ 못 알아봤어요.

(3) 소연이는 컴퓨터에 _____ 놓은 자료를 찾고 있어요.

1. '-잖아(요)'를 사용하여 〈보기〉와 같이 대화를 완성하세요.

〈보기〉

> 가: 영이는 정말 아는 게 많은 것 같아.
> 나: 평소에 책을 많이 읽잖아. (읽다)

(1) 가: 호민이 네 주변에는 항상 친구들이 많은 것 같아.

　　나: 내가 좀 사교적이라서 사람들과 잘 어울려 ＿＿＿＿＿＿＿＿＿. (놀다)

(2) 가: 새로 생긴 수영장에 가는 게 어때?

　　나: 글쎄, 거기는 너무 ＿＿＿＿＿＿＿＿＿. (멀다)

(3) 가: 영수야, 학교에 안 가니?

　　나: 네, 오늘은 학교에 안 가요. ＿＿＿＿＿＿＿＿＿. (개교기념일이다)

2. '-잖아(요)'를 사용하여 〈보기〉와 같이 대화를 완성하세요.

〈보기〉

> 가: 옷을 왜 이렇게 두껍게 입었어?
> 나: 지금 밖이 춥잖아.

(1) 가: 우산을 왜 가져왔어?

　　나: ＿＿＿＿＿＿＿＿＿＿＿＿＿＿＿＿＿＿＿＿＿＿.

(2) 가: 왜 이렇게 길이 막히지?

　　나: ＿＿＿＿＿＿＿＿＿＿＿＿＿＿＿＿＿＿＿＿＿＿.

(3) 가: 주사를 왜 그렇게 싫어해?

　　나: ＿＿＿＿＿＿＿＿＿＿＿＿＿＿＿＿＿＿＿＿＿＿.

1. '-어/아/여 가다'를 사용하여 〈보기〉와 같이 문장을 완성하세요.

〈보기〉

사과가 빨갛게 <u>익어 가요</u>. (익다)

(1) 벌써 방학이 거의 다 _____. (끝나다)

(2) 한국에 산 지도 벌써 2년이 _____. (되다)

(3) 가을이 되니까 나뭇잎 색이 점점 노랗게 _____. (변하다)

2. '-어/아/여 가다'를 사용하여 〈보기〉와 같이 문장을 쓰세요.

〈보기〉

자전거를 사기 위해서 돈을 모으고 있어요. 그 돈을 이제 거의 다 모았어요.
→ <u>자전거를 사기 위해서 돈을 모으고 있는데 거의 다 모아 가요</u>.

(1) 어제 도서관에서 책을 빌렸어요. 거의 다 읽었어요.

→ _____.

(2) 지금 점심을 먹는 중이에요. 조금 더 먹으면 다 먹을 거예요.

→ _____.

(3) 오늘은 대청소를 하는 날이에요. 할 일이 진짜 많았는데 거의 다 했어요.

→ _____.

1. '-으려면/려면'을 사용하여 〈보기〉와 같이 대화를 완성하세요.

> 〈보기〉
>
> 가 : 한국어 교재를 사고 싶은데 몇 층으로 가야 해요?
> 나 : 한국어 교재를 <u>사려면</u> 2층으로 올라가세요. (사다)

(1) 가 : 민우야, 시청 도서관에 어떻게 가는지 알아?

　나 : 도서관에 ＿＿＿＿＿＿ 학교 앞에서 216번 버스를 타야 해. (가다)

(2) 가 : 지하철 안에 가방을 두고 내렸는데 어떻게 해야 해요?

　나 : 가방을 ＿＿＿＿＿＿ 분실물 센터에 가 보세요. (찾다)

(3) 가 : 소연아, 나도 영어 말하기 대회에 나가고 싶은데 어떻게 해야 해?

　나 : 대회에 ＿＿＿＿＿＿ 신청서를 써서 선생님께 제출해야 돼. (나가다)

2. 그림을 보고 '-으려면/려면'을 사용하여 〈보기〉와 같이 대화를 완성하세요.

> 〈보기〉
>
>
>
> 가 : 건강을 지키는 방법이 뭐예요?
> 나 : 건강을 지키려면 운동을 해야 해요.

(1)

　가 : 저도 춤을 잘 추고 싶은데 어떻게 해야 하죠?

　나 : ＿＿＿＿＿＿＿＿＿＿＿＿＿＿＿＿.

(2)

　가 : 영화관에서 할인을 받고 싶으면 어떻게 해요?

　나 : ＿＿＿＿＿＿＿＿＿＿＿＿＿＿＿＿.

1. '–어도/아도/여도'를 사용하여 〈보기〉와 같이 문장을 완성하세요.

> 〈보기〉
>
> 와니는 키가 <u>작아도</u> 농구를 잘해요. (작다)

(1) 요즘은 많이 _____ 금방 배가 고파요. (먹다)

(2) 아무리 _____ 이를 꼭 닦고 자야 해요. (피곤하다)

(3) 쉬는 시간에 친구들이 _____ 영수는 책만 읽어요. (떠들다)

2. '–어도/아도/여도'를 사용하여 〈보기〉와 같이 대화를 완성하세요.

가: 안나야, 영수가 아직도 안 왔어.

나: 그래? 전화해 봤어?

가: 해 봤지. 그런데 전화를 〈보기〉 <u>해도</u> 안 받아.
    (하다)

나: 메시지는 보냈어?

가: 응, 보냈어. 그런데 메시지를 (1) _____ 답이 없어.
    (보내다)

나: 무슨 일이지? 영수는 몸이 (2) _____ 학교에 결석하는
    (아프다)
    일이 없었잖아.

가: 맞아. 그리고 무슨 일이 (3) _____ 약속을 지키는 친구
    (있다)
    인데. 다시 전화해 볼게.

☑ 아는 것에 ✔하세요.

영역	내용			
어휘	☐ 검색하다	☐ 과제	☐ 담다	☐ 독후감
	☐ 바뀌다	☐ 발표	☐ 얼른	☐ 작성하다
	☐ 저장하다	☐ 제출하다	☐ 조사하다	☐ 참고하다
	☐ 풀리다	☐ 피로		
문법	☐ –잖아(요)		☐ –어/아/여 가다	
	☐ –으려면/려면		☐ –어도/아도/여도	

백지장도 맞들면 낫다

백지장은 얇은 흰 종이를 말해요. 아무리 작은 일이라도 다른 사람과 함께 하면 훨씬 더 쉽게 해결할 수 있다는 의미가 있어요. 친구가 어떤 일을 하고 있을 때 "백지장도 맞들면 낫다는데 내가 도와줄까?"라고 말해 보세요.

정호는 공연장에 조금 늦게 도착한다고 해

학습 목표

어떤 일에 대한 경험을 이야기할 수 있다.
어떤 일을 한 후에 느낀 감정을 표현할 수 있다.

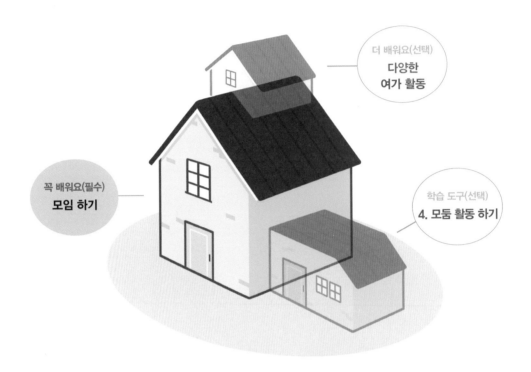

더 배워요(선택)
다양한 여가 활동

꼭 배워요(필수)
모임 하기

학습 도구(선택)
4. 모둠 활동 하기

어휘	여가 활동을 즐기다 공연 관람 야외 활동 캠프 마음을 나누다 우정 기쁨
	어려움 오해하다 당황하다 실망하다 속상하다 마음이 무겁다 사이가 나빠지다
	사과하다 긴장되다 화해하다 마음이 가볍다 감정 기회 공연장 뮤지컬
	봉사 활동 신청자 들다 모집하다 마치다 지다

문법	어제는 너무 피곤해서 집에 오**자마자** 바로 잠이 들었어요.
	어제 문자 메시지를 보면서 걷다가 넘어지**고 말았어**.
	좀 전에 정호하고 통화했는데 공연장에 조금 늦게 도착**한다고 해**.
	내가 정호한테 같이 자전거 탈 수 있**느냐고** 물어볼게.

1. 알맞은 것을 골라 〈보기〉와 같이 대화를 완성하세요.

우정　　　어려움　　　긴장되다　　　실망하다

① 오늘 축제에서 1등을 한 3반 친구들을 만나 보겠습니다. 1등을 한 기분이 어때요?

② 정말 기쁩니다. 사실 처음 하는 공연이라서 떨리고 〈보기〉 긴장된 마음으로 무대에 올라갔습니다. 그런데 여러분이 응원해 주셔서 즐겁게 공연을 할 수 있었습니다.

④ 연습하는 동안 힘들고 여러 가지 (2) _____도 있었지만 서로 도우면서 친구들과 (3) _____도 쌓을 수 있었습니다.

③ 저는 원래 춤을 못 췄어요. 그래서 연습하면서 춤을 잘 못 추는 저 자신에게 (1) _____ 적도 많았어요. 그런데 친구들의 도움으로 잘 추게 되었어요.

2. 알맞은 것을 골라 〈보기〉와 같이 쓰세요.

나빠지다　　　사과하다　　　오해하다　　　화해하다

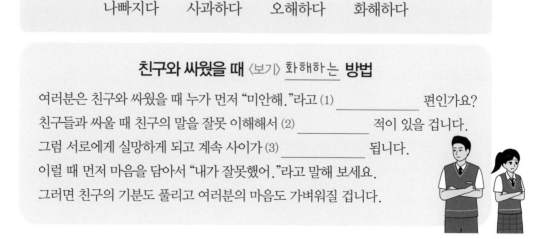

친구와 싸웠을 때 〈보기〉 화해하는 방법

여러분은 친구와 싸웠을 때 누가 먼저 "미안해."라고 (1) _____ 편인가요?
친구들과 싸울 때 친구의 말을 잘못 이해해서 (2) _____ 적이 있을 겁니다.
그럼 서로에게 실망하게 되고 계속 사이가 (3) _____ 됩니다.
이럴 때 먼저 마음을 담아서 "내가 잘못했어."라고 말해 보세요.
그러면 친구의 기분도 풀리고 여러분의 마음도 가벼워질 겁니다.

3. 밑줄 친 부분을 가장 잘 설명한 것을 고르세요.

(1) 한옥 마을에 가면 한국의 전통문화를 배울 수 있는 <u>기회</u>도 있을 거예요.

① 적당한 관계   ② 적당한 노력

③ 적당한 지식   ④ 적당한 시간

(2) 내 동생은 <u>감정</u>이 자주 변하는 편이라서 작은 일에도 잘 웃고 잘 울어요.

① 어떤 일에 대한 기분   ② 어떤 일에 대한 오해

③ 어떤 일에 대한 의견   ④ 어떤 일에 대한 행동

4. 알맞은 것을 골라 〈보기〉와 같이 문장을 완성하세요.

| 들다 | 지다 | 마치다 | 모집하다 |

〈보기〉

수업을 <u>마친</u> 뒤 배가 고파서 매점에 갔어요.

(1) 깜빡 잠이 _____ 휴대 전화 소리를 못 들었어요.

(2) 이번 대회에서 우리 팀이 _____ 상을 받지 못했어요.

(3) 새로운 학기가 되면 동아리에서 신입 회원을 _____.

1. '–자마자'를 사용하여 〈보기〉와 같이 문장을 완성하세요.

〈보기〉

> 너무 더워서 집에 <u>가자마자</u> 에어컨을 켰어요. (가다)

(1) 저는 매일 아침에 ＿＿＿＿＿＿＿＿물을 마셔요. (일어나다)

(2) 시험지를 ＿＿＿＿＿＿＿＿ 문제를 풀기 시작했어요. (받다)

(3) 신호등이 ＿＿＿＿＿＿＿ 길을 건너는 것은 위험해요. (바뀌다)

2. '–자마자'를 사용하여 〈보기〉와 같이 문장을 쓰세요.

〈보기〉

> 집에 도착하다, 손을 씻다
> → <u>집에 도착하자마자 손을 씻어요</u>.

(1) 밥을 먹다, 눕는 것은 좋지 않다

　→ ＿＿＿＿＿＿＿＿＿＿＿＿＿＿＿＿＿＿＿＿＿＿ .

(2) 내년에 졸업을 하다, 운전을 배우다

　→ ＿＿＿＿＿＿＿＿＿＿＿＿＿＿＿＿＿＿＿＿＿＿ .

(3) 오늘 학교에서 돌아오다, 숙제를 하다

　→ ＿＿＿＿＿＿＿＿＿＿＿＿＿＿＿＿＿＿＿＿＿＿ .

1. '-고 말다'를 사용하여 〈보기〉와 같이 문장을 완성하세요.

> 달리기 대회에서 지수가 달리다가 <u>넘어지고 말았어요</u>. (넘어지다)

(1) 우유를 빨리 마시려다가 옷에 _____. (쏟다)

(2) 친구가 멀리 이사를 가서 연락이 _____. (끊기다)

(3) 날씨가 추운데 등산을 해서 감기에 _____. (걸리다)

2. '-고 말다'를 사용하여 〈보기〉와 같이 대화를 완성하세요.

> 가 : 어젯밤에 늦게 잤어?
> 나 : 아니. 어제 너무 피곤해서 일찍 <u>잠이 들고 말았어</u>.

(1) 가 : 오늘 왜 지각했어?

　　나 : 버스가 너무 늦게 와서 _____.

(2) 가 : 화분에 있는 꽃이 죽었네.

　　나 : 응. 물을 자주 안 줘서 _____.

(3) 가 : 너 운동화 또 샀네?

　　나 : 응. 이 운동화가 너무 마음에 들어서 _____.

1. '-는다고/ㄴ다고/다고'를 사용하여 〈보기〉와 같이 대화를 완성하세요.

> 〈보기〉
>
> 가: 내일 영어 시간에 단어 시험이 있지?
> 나: 아니. 선생님께서 다음 주에 <u>본다고</u> 하셨어. (보다)

(1) 가: 영수는 어디에 갔어?

　　나: 도서관에 가서 하루 종일 책을 ＿＿＿＿＿＿＿ 했어. (읽다)

(2) 가: 엄마, 아버지는 언제 오세요?

　　나: 집에 8시쯤 ＿＿＿＿＿＿＿ 하셨어. (도착하다)

(3) 가: 와니는 내일 시간이 있을까?

　　나: 응. 내일은 시간이 ＿＿＿＿＿＿＿ 했어. (많다)

2. 그림을 보고 '-는다고/ㄴ다고/다고'를 사용하여 보기와 같이 대화를 완성하세요.

> 〈보기〉
>
>
> 가: 너 이 영화 봤어?
> 나: 아니. 우리 누나가 봤는데 정말 <u>슬프다고 해</u>.

(1)

　　가: 제주도는 날씨가 어때요?

　　나: 뉴스에서 봤는데 ＿＿＿＿＿＿＿＿＿＿.

(2)

　　가: 호민이가 오늘 학교에 왜 안 오지?

　　나: 어제 농구를 하다가 ＿＿＿＿＿＿＿＿＿＿.

1. '-느냐고/으냐고/냐고'를 사용하여 〈보기〉와 같이 대화를 완성하세요.

〈보기〉

> 가: 호민이가 뭘 물어봤어?
>
> 나: 내일 공연 연습에 <u>가느냐고</u> 물었어. (가다)

(1) 가: 저 사람이 너한테 뭐라고 했어?

　　나: 아, 여기에 앉아도 ＿＿＿＿＿＿ 물었어. (되다)

(2) 가: 선생님이 너한테 뭐 물어보셨어?

　　나: 한국어가 많이 ＿＿＿＿＿＿ 물으셨어. (어렵다)

(3) 가: 엄마, 아까 무슨 말씀 하셨어요? 제가 못 들었어요.

　　나: 새로 산 옷이 ＿＿＿＿＿＿ 물었어. (마음에 들다)

2. '-느냐고/냐고'를 사용하여 〈보기〉와 같이 쓰세요.

> ### 20**년 3월 27일
>
> 　오늘은 엄마 생신이다. 나는 언니에게 무슨 선물을 〈보기〉 <u>준비할 거냐고</u>
> (준비하다)
>
> 물어보았다. 언니는 우리가 오늘 저녁을 직접 해 드리면 (1) ＿＿＿＿＿
> (어떻다)
>
> 했다. 나는 좋은 생각이라고 말했다. 우리는 엄마가 좋아하시는 음식을
> 만들어 드렸다. 잘하지 못했지만 엄마는 맛있게 드셨다. 우리는 엄마에게
> 음식이 (2) ＿＿＿＿＿＿＿ 물어보았다. 엄마는 지금까지 먹은 것 중에서
> (맛있었다)
>
> 최고라고 말씀하셨다. 그런데 엄마가 선물은 (3) ＿＿＿＿＿ 물으셨다.
> (없다)
>
> 우리는 다 같이 웃었다.

▨ 아는 것에 ✔하세요.

영역	내용			
어휘	☐ 감정	☐ 기회	☐ 긴장되다	☐ 나빠지다
	☐ 들다	☐ 마치다	☐ 모집하다	☐ 사과하다
	☐ 실망하다	☐ 어려움	☐ 오해하다	☐ 우정
	☐ 지다	☐ 화해하다		
문법	☐ −자마자		☐ −고 말다	
	☐ −는다고/ㄴ다고/다고		☐ −느냐고/냐고	

바늘 가는 데 실 간다

우리 항상 함께 하자.

바늘과 실 중에 어느 하나라도 없으면 옷을 꿰맬 수 없어요. 그래서 바늘과 실은 떨어지지 않고 항상 붙어 다니지요. 이처럼 사람들 중에도 서로 떨어질 수 없는 아주 가까운 사이가 있어요. '바늘 가는 데 실 간다.'는 말은 이렇게 가까운 관계에 있는 사람들이 서로 떨어지지 않고 붙어서 따라 다닌다는 의미예요. 여러분도 이런 친구가 있는지 생각해 보세요.

5과 저 책 정말 재미있나 보다

다른 사람과 서로 정보를 교환할 수 있다.
작품을 감상한 소감을 말할 수 있다.

더 배워요(선택)
독서 활동

꼭 배워요(필수)
독서하기

학습 도구(선택)
5. 책 읽기

어휘	꺼내다 꽂다 권하다 반납하다 대출하다 프린터 복사하다 제목 저자 인물 배경 줄거리 감상 공감하다 감동이다 지루하다 대형 도서 목록 벨 열 벌써 꼼짝 드디어 놓다 누르다

문법	와니가 전화를 안 받아. 벌써 자**나 봐**. 책이 많아서 무거**울 텐데** 내가 같이 들어 줄까? 선생님이 읽**으라고** 주신 도서 목록 있잖아. 다음 시간에는 이 책으로 독서 토론을 하**자고** 해 볼까?

1. 알맞은 것을 골라 〈보기〉와 같이 쓰세요.

> 인물   저자   제목   줄거리

여러분은 어떤 기준으로 소설책을 고르나요? 저는 제일 먼저 책 앞에 있는 〈보기〉 제목과 그림을 봅니다. 그리고 소설 속에 나오는 (1) _____ 을/를 확인합니다. 그러면 책의 내용과 (2) _____ 을/를 추측할 수 있습니다. 그리고 책을 쓴 (3) _____ 이/가 자신의 책을 소개하는 글도 읽어 봅니다. 그 글을 읽으면 저자의 생각을 알 수 있기 때문입니다.

2. 알맞은 것을 골라 〈보기〉와 같이 쓰세요.

> 꽂다   대출   꺼내다   반납하다

학교 도서관 이용 규칙

1. 학생증이 없으면 도서관에 들어올 수 없습니다.
2. 과자, 음료 등 음식물을 가지고 들어오면 안 됩니다.
3. 책을 잠깐 〈보기〉 꺼내서 본 경우에는 그 자리에 다시 (1) _____ 주시기 바랍니다.
4. 빌린 책은 (2) _____ 기간 내에 반드시 (3) _____ 주시기 바랍니다.

※ 도서관 책은 우리 모두의 책입니다. 깨끗하게 읽고 돌려주시기 바랍니다.

3. 밑줄 친 부분을 가장 잘 설명한 것을 고르세요.

(1) 우리가 만난 지 <u>벌써</u> 3년이 지났구나.

　① 지금까지　　　　　　　② 언제인지 몰라서

　③ 생각보나 빠르게　　　　④ 훨씬 디 오래 전에

(2) 도서 <u>목록</u>을 보고 책장에 책을 정리해 주세요.

　① 생각을 글로 쓴 것

　② 일의 순서를 따라가는 것

　③ 높고 낮음이나 좋고 나쁨을 여러 개로 나눈 것

　④ 이름이나 책 제목 등을 어떤 기준에 따라 순서대로 정리하여 적은 것

4. 알맞은 것을 골라 〈보기〉와 같이 문장을 완성하세요.

권하다	누르다	공감하다	지루하다

[보기]

> 소연이가 저에게 이 소설책을 읽어 보라고 <u>권했어요</u>.

(1) 벨이 고장이 나서 아무리 ＿＿＿＿＿＿＿ 소리가 나지 않아요.

(2) 유미가 발표를 할 때 너무 느리게 말을 해서 ＿＿＿＿＿＿＿.

(3) 이 시인은 학생들이 ＿＿＿＿＿＿＿ 수 있는 시를 많이 써요.

1. '–나 보다'를 사용하여 〈보기〉와 같이 대화를 완성하세요.

〈보기〉

> 가 : 수호는 또 운동장에서 축구해?
> 나 : 응. 축구를 정말 <u>좋아하나 봐</u>. (좋아하다)

(1) 가 : 어? 어디서 강아지 소리가 나네.

　　나 : 옆집에서 강아지를 ＿＿＿＿＿＿＿. (키우다)

(2) 가 : 수호가 왜 이렇게 늦지?

　　나 : 길이 많이 ＿＿＿＿＿＿＿. (막히다)

(3) 가 : 와니야, 우리가 보기로 한 영화표가 매진됐어.

　　나 : 그래? 영화가 ＿＿＿＿＿＿＿. (재미있다)

2. '–나 보다'를 사용하여 〈보기〉와 같이 문장을 쓰세요.

〈보기〉

> 유미가 계속 학교 운동장에 앉아 있다, 친구를 기다리다
> → <u>유미가 계속 학교 운동장에 앉아 있는 것을 보니까 친구를 기다리나 봐</u>.

(1) 민우가 뛰어가다, 급한 일이 있다

　→ ＿＿＿＿＿＿＿＿＿＿＿＿＿＿＿＿＿＿＿＿＿＿＿.

(2) 정호가 기분이 좋다, 시험을 잘 보다

　→ ＿＿＿＿＿＿＿＿＿＿＿＿＿＿＿＿＿＿＿＿＿＿＿.

(3) 세인이가 빵을 먹고 있다, 아침을 안 먹고 학교에 오다

　→ ＿＿＿＿＿＿＿＿＿＿＿＿＿＿＿＿＿＿＿＿＿＿＿.

1. '-을 텐데/ㄹ 텐데'를 사용하여 〈보기〉와 같이 문장을 완성하세요.

> 〈보기〉
>
> 체육 대회 응원 연습 때문에 목이 많이 <u>아플 텐데</u> 오늘은
> 그냥 쉬어. (아프다)

(1) 선생님, _____ 시간 내 주셔서 감사합니다. (바쁘시다)

(2) 퇴근 시간이라서 차가 많이 _____ 조금 이따가 출발하자. (막히다)

(3) 외국인에게는 한국어가 많이 _____ 정말 한국어를 잘하네요. (어렵다)

2. '-을 텐데/ㄹ 텐데'를 사용하여 〈보기〉와 같이 문장을 쓰세요.

> 〈보기〉
>
> 어제 늦게 자서 피곤하다, 좀 쉬면서 하다
> → 어제 늦게 자서 피곤할 텐데 좀 쉬면서 하세요.

(1) 너도 할 일이 많다, 도와줘서 고맙다

→ _____.

(2) 주말이라서 기차표가 없다, 걱정이다

→ _____.

(3) 가족들이 걱정하다, 빨리 집에 전화하다

→ _____.

1. '-으라고/라고'를 사용하여 〈보기〉와 같이 대화를 완성하세요.

> 〈보기〉
>
> 가: 주말에 야구 경기가 있어. 너도 같이 갈래?
>
> 나: 그날 할아버지 생신이야. 엄마가 일찍 <u>오라고</u> 하셨어. (오다)

(1) 가: 선생님께서 뭐라고 하셨어?

　　나: 교실에서 10분만 _____ 하셨어. (기다리다)

(2) 가: 숙제를 어떻게 내야 하지?

　　나: 선생님께서 메일로 _____ 하셨어. (보내다)

(3) 가: 이 피자 우리가 먹어도 되는 거야?

　　나: 응. 엄마가 친구들하고 _____ 하셨어. (먹다)

2. 그림을 보고 '-으라고/라고'를 사용하여 〈보기〉와 같이 대화를 완성하세요.

> 〈보기〉
>
>
> 옷걸이에 걸어서 옷장에 넣어.
>
> 가: 누나, 교복 어디에 놓을까?
>
> 나: 엄마가 <u>옷걸이에 걸어서 옷장에 넣어 놓으라고</u> 하셨어.

(1)

조용히 해.

　　가: 선생님이 뭐라고 하셨어?

　　나: 수업 시간에 _____.

(2)

박물관 안에서 사진을 찍지 마세요.

　　가: 우리 들어가서 사진 좀 찍자.

　　나: 박물관 직원이 박물관 안에서 _____

　　_____.

1. '-자고'를 사용하여 〈보기〉와 같이 문장을 완성하세요.

〈보기〉

> 나는 수호에게 함께 축구 선수의 꿈을 꼭 <u>이루자고 했어요</u> . (이루다)

(1) 소연이가 같이 밴드부에 _____ 했어. (들어가다)

(2) 친구에게 쉬는 시간에 음악을 같이 _____ 했어요. (듣다)

(3) 우리는 첫눈이 내리는 날 학교 앞에서 _____ 약속했어요. (보다)

2. '-자고'를 사용하여 〈보기〉와 같이 대화를 완성하세요.

> 김지영 선생님: 여러분 이제 조금 있으면 친구들과 헤어져야 해요. 우리 반
> 친구들에게 하고 싶은 말을 각자 써 보세요. (잠시 후) 자,
> 다 썼으면 한번 말해 봅시다.
>
> 민우: 저는 모두 건강하고 행복하게 〈보기〉 살자고 썼어요.
> (살다)
>
> 세인: 저는 멋진 사람들이 되어 다시 (1) _____ 적었어요.
> (만나다)
>
> 나나: 저는 친구들에게 우리 우정 변하지 (2) _____ 썼어요.
> (말다)
>
> 김지영 선생님: 그렇군요. 선생님은 시간이 많이 지나도 우리가 함께 보낸
>
> 시간들을 (3) _____ 말하고 싶어요.
> (기억하다)

☑ 아는 것에 ✔하세요.

영역	내용			
어휘	☐ 공감하다	☐ 권하다	☐ 꺼내다	☐ 꽂다
	☐ 누르다	☐ 대출	☐ 목록	☐ 반납하다
	☐ 벌써	☐ 인물	☐ 저자	☐ 제목
	☐ 줄거리	☐ 지루하다		
문법	☐ –나 보다		☐ –을 텐데/ㄹ 텐데	
	☐ –으라고/라고		☐ –자고	

낫 놓고 기역 자도 모른다

낫은 풀이나 벼를 자를 때 사용하는 기구예요. 낫은 한글의 'ㄱ(기역)'처럼 생겼어요. '낫 놓고 기역 자도 모른다.'는 말은 'ㄱ(기역)'처럼 생긴 낫이 앞에 있어도 'ㄱ(기역)'을 모른다는 의미예요. 이것은 사람이 글자를 모르거나 아는 것이 많이 없다는 뜻이에요.

6과 파일을 다운로드하는 중이야

학습 목표

상대방에게 어떤 일에 참여할 것을 부탁할 수 있다.

어떤 일을 다른 사람에게 안내할 수 있다.

더 배워요(선택)
통신과 소통

꼭 배워요(필수)
**소식과
정보 전하기**

학습 도구(선택)
6. 필기하기

어휘	검색창 인터넷 화면 로그인 아이디 비밀번호 로그아웃 버튼 올리다
	파일 보내다 다운로드하다(내려받다) 보내다 공유하다 소식을 주고받다
	동영상 범위 빈자리 사용법 서비스 설명서 수도 수도꼭지 새벽
	온라인 응급실 새로 맞다 불만족스럽다

문법	한국어를 배우**고 나면** 한국을 더 잘 알게 될 거예요.
	반 홈페이지에 글을 올리**는 중이에요.**
	생일날 새 휴대 전화를 선물로 받**는다면** 얼마나 좋을까?
	과제 때문에 친구들과 연락하기로 해서 휴대 전화를 자주 확인**할 수밖에 없어요.**

1. 알맞은 것을 골라 〈보기〉와 같이 쓰세요.

아이디	공유하다	다운로드	로그아웃

지난주 야구 대회 때 사진을 많이 찍었어요. 사진을 야구부 동아리 홈페이지에 올려서 친구들과 같이 〈보기〉 공유하고 싶었어요. 그래서 저는 동아리 홈페이지에 들어 갔어요. 로그인을 하기 위해 (1) _____을/를 썼어요. 그리고 비밀번호를 눌렀어요. 그다음에 친구들의 사진을 올렸어요. 사진을 올리자마자 많은 친구들이 (2) _____을/를 했어요. 친구들이 좋아하는 것 같아서 기분이 좋았어요. 친구들이 올린 글을 읽은 후에 홈페이지에서 (3) _____을/를 했어요.

2. 알맞은 것을 골라 〈보기〉와 같이 쓰세요.

파일	버튼	화면	올리다

컴퓨터실 사용 주의 사항

1. 컴퓨터를 사용한 뒤 내려받은 〈보기〉 파일은 모두 지워 주시기 바랍니다.
2. 컴퓨터 사용 후 꼭 종료 (1) _____을/를 눌러 컴퓨터를 꺼 주시기 바랍니다.
3. 인터넷 홈페이지에 자료를 (2) _____ 때 컴퓨터 (3) _____이/가 멈추면 담당 선생님에게 말씀해 주시기 바랍니다.

3. 밑줄 친 부분을 가장 잘 설명한 것을 고르세요.

(1) 이번에 새로 나온 노트북을 선물로 받고 싶어요.

① 비슷한 것을 또

② 제일 오래전에 먼저

③ 사용하지 않은 깨끗한

④ 전에 없던 것이 처음으로

(2) 오늘부터 아침 먹기 전에 운동하려고 새벽에 일어났다.

① 한가한 시간

② 아침 먹을 시간

③ 해가 뜨는 시간

④ 아주 이른 오전 시간

4. 알맞은 것을 골라 〈보기〉와 같이 문장을 완성하세요.

| 맞다 | 범위 | 빈자리 | 불만족스럽다 |

〈보기〉

어제 간 식당의 주인이 친절하지 않아서 불만족스러웠다.

(1) 어제 비를 ＿＿＿＿＿＿＿＿ 바람에 감기에 걸리고 말았어요.

(2) 지하철을 탔는데 ＿＿＿＿＿＿＿＿ 없어서 내릴 때까지 서서 왔어요.

(3) 시험 ＿＿＿＿＿＿＿＿ 이/가 넓어서 공부하는 데 시간이 많이 걸려요.

1. '–고 나서'를 사용하여 〈보기〉와 같이 문장을 완성하세요.

〈보기〉

> 가: 선생님, 지금부터 시험 문제를 풀어도 돼요?
> 나: 네. 이름을 <u>쓰고 나서</u> 문제를 푸세요. (쓰다)

(1) 가: 민우야, 밥 먹어라.

　나: 숙제를 ＿＿＿＿＿＿＿ 밥을 먹을게요. (끝내다)

(2) 가: 수학은 정말 어려운 것 같아.

　나: 미리 ＿＿＿＿＿＿＿ 수업을 들으면 이해하기가 쉬워. (예습하다)

(3) 가: 요리 동아리에서 이번 주에는 무엇을 해요?

　나: 각자 좋아하는 한식을 ＿＿＿＿＿＿＿ 그 음식에 대해 이야기하기로 했어. (먹다)

2. '–고 나면'을 사용하여 〈보기〉와 같이 문장을 쓰세요.

〈보기〉

> 수호를 만나다, 너무 늦어서 도서관에 못 가다
> → <u>수호를 만나고 나면 너무 늦어서 도서관에 못 갈 것 같아</u>.

(1) 울다, 스트레스가 좀 풀리다

　→ ＿＿＿＿＿＿＿＿＿＿＿＿＿＿＿＿＿＿＿＿＿.

(2) 너도 이 책을 읽다, 생각이 달라지다

　→ ＿＿＿＿＿＿＿＿＿＿＿＿＿＿＿＿＿＿＿＿＿.

(3) 한국 문화를 알다, 한국어를 더 좋아하게 되다

　→ ＿＿＿＿＿＿＿＿＿＿＿＿＿＿＿＿＿＿＿＿＿.

1. '-는 중이다'를 사용하여 〈보기〉와 같이 문장을 완성하세요.

〈보기〉

친구가 아직 안 끝나서 <u>기다리는 중이에요</u>. (기다리다)

(1) 지금 동생이 집에 _____. (오다)

(2) 인터넷에서 파일을 _____. (내려받다)

(3) 엄마는 지금 초콜릿 케이크를 _____. (만들다)

2. '-는 중이다'를 사용하여 〈보기〉와 같이 문장을 쓰세요.

〈보기〉

학교 앞 도로를 <u>공사하는 중이에요</u>.

(1) 정호 호민 _____.

(2) 안나 _____.

1. '-는다면/ㄴ다면/다면'을 사용하여 〈보기〉와 같이 대화를 완성하세요.

〈보기〉

> 가: 10년 전으로 <u>돌아간다면</u> 무엇을 하고 싶어요? (돌아가다)
> 나: 지금보다 더 열심히 공부를 하고 싶어요.

(1) 가: 한 달 동안 같은 음식만 _____ 어떻게 될까? (먹다)
 나: 건강이 나빠지겠지.

(2) 가: 돈이 많이 _____ 무엇을 하고 싶어요? (있다)
 나: 다른 나라를 여행하고 싶어요.

(3) 가: 지금부터 열심히 _____ 대학에 갈 수 있을까요? (공부하다)
 나: 당연하지. 늦지 않았어.

2. '-는다면/ㄴ다면/다면'을 사용하여 〈보기〉와 같이 문장을 쓰세요.

〈보기〉

> 내가 가수가 되다, 사람들에게 희망을 주는 노래를 부르다
> → <u>내가 가수가 된다면 사람들에게 희망을 주는 노래를 부를 거예요</u>.

(1) 만약 나에게 동생이 생기다, 매일 놀아 주다

 → _____.

(2) 좋아하는 영화배우를 만나다, 함께 사진을 찍다

 → _____.

(3) 오늘 저녁에 우리 집에 친구가 오다, 맛있는 음식을 만들어 주다

 → _____.

1. '-을/ㄹ 수밖에 없다'를 사용하여 〈보기〉와 같이 대화를 완성하세요.

> 〈보기〉
>
> 가 : 요즘 한국어 공부가 어려워서 힘들어요.
> 나 : 한국어를 처음 배울 때는 <u>어려울 수밖에 없어요</u>. (어렵다)

(1) 가 : 얼마 전에 산 우유를 왜 버렸어?

　 나 : 유통 기한이 지나서 _____. (버리다)

(2) 가 : 편의점에 도시락 사러 간다고 했잖아. 그런데 왜 빵을 샀어?

　 나 : 편의점에 도시락이 다 팔려서 빵을 _____. (사다)

(3) 가 : 한국어 쓰기 숙제하는 데 시간이 많이 걸렸구나.

　 나 : 네. 한국어를 잘 못해서 시간이 많이 _____. (걸리다)

2. '-을/ㄹ 수밖에 없다'를 사용하여 〈보기〉와 같이 대화를 완성하세요.

> 〈보기〉
>
> 가 : 오늘 왜 이렇게 늦었어?
> 나 : 미안해. 길이 막혀서 <u>늦을 수밖에 없었어</u>.

(1) 가 : 정호야, 왜 이제 왔어?

　 나 : 과제를 놓고 와서 _____.

(2) 가 : 와니야, 네가 이번 달리기 대회에 또 나가?

　 나 : 응. 신청자가 없어서 _____.

(3) 가 : 노트북 산 지 얼마 안 되었는데 또 샀어?

　 나 : 응. 노트북을 잃어버려서 _____.

☑ 아는 것에 ✔하세요.

영역	내용			
어휘	☐ 공유하다	☐ 다운로드	☐ 로그아웃	☐ 맞다
	☐ 버튼	☐ 범위	☐ 불만족스럽다	☐ 빈자리
	☐ 새로	☐ 새벽	☐ 아이디	☐ 올리다
	☐ 파일	☐ 화면		
문법	☐ -고 나서/나면	☐ -는 중이다		
	☐ -는다면/ㄴ다면/다면	☐ -을/ㄹ 수밖에 없다		

말 한마디에 천 냥 빚도 갚는다

옛날에 천 냥은 큰돈이었어요. '말 한마디에 천 냥 빚도 갚는다.'는 말을 잘하면 그렇게 큰 빚도 없는 것으로 해 준다는 뜻이에요. 즉 말은 아주 큰 힘을 가지고 있어서 말을 잘하면 어려운 일이나 힘든 일도 잘 해결할 수 있다는 뜻이에요.

7과 　경치가 정말 멋지고 볼거리가 다양하거든

학습 목표

우려의 감정을 표현할 수 있다.
필요한 정보를 구할 수 있다.

더 배워요(선택)
수학여행

꼭 배워요(필수)
여행하기

학습 도구(선택)
7. 복습하기

어휘	자유 여행　단체 여행　배낭여행　짐을 싸다　세면도구　비상약　여행 안내서 경비　숙소　민박　호텔　볼거리　먹을거리　기념품　경치가 멋지다　꽃밭 박　올림픽　정문　주인아주머니　천년　기대하다　빠뜨리다　아끼다　입원하다 젖다　체하다　심하다　저렴하다
문법	지난번에도 세면도구를 챙기는 걸 잊어버**려 가지고** 여행지에서 새로 샀거든. 경주는 천년의 역사를 이**어 온** 도시래. 강릉에 한번 가 봐. 경치가 정말 멋지고 볼거리가 다양하**거든**. 이 가게 앞에는 왜 이렇게 사람들이 길게 줄을 **서 있어**?

1. 알맞은 것을 골라 〈보기〉와 같이 쓰세요.

짐	기념품	볼거리	먹을거리

지식Q

질문 검색하기

| 홈 | 질문하기 | 답변하기 | 내질문 | 관심질문 | 베스트 |

마이페이지　로그아웃　고객센터

Q: 저는 대전에 사는 고등학생입니다. 외국인 친구와 함께 서울을 여행하려고
하는데 어디에 가면 좋을까요?

A: 한국을 잘 알 수 있는 전통문화의 거리 '인사동'을 추천합니다. 인사동에 가면 한국의
옛날 전통 물건을 볼 수 있고 주말에는 다양한 공연도 해서 재미있는 〈보기〉 볼거리 가 많
습니다. 그리고 추억의 옛날 과자와 길거리 음식 등 여러 가지 (1) _____ 이/가
많습니다. 인사동 입구에 있는 선물 가게에서 (2) _____ 을/를 살 수도 있습니다.

Q: 혹시 인사동 근처에 큰 가방을 맡길 수 있는 곳이 있을까요?

A: 인사동과 가까운 지하철역 사물함에 (3) _____ 을/를 맡길 수 있습니다. ^^

2. 알맞은 것을 골라 〈보기〉와 같이 쓰세요.

경비	숙소	단체 여행	세면도구

기차로 떠나는 여행 모집

◈ 일시: 12.26.~12.29.(3박4일)　　◈ 대상: 중·고등학생　　　◈ 인원: 20명

◈ 장소: 서울 → 부산

◈ 1인 〈보기〉 경비 : 15만 원 : 왕복 기차표, 조식, 3일 동안 머물 수 있는 (1) _____ 제공

◈ 준비물: 수건, 치약, 칫솔 등 개인 (2) _____

◈ 신청 기간: 20**년 12월 5일까지　　　◈ 문의: 청소년문화센터 김철수 02-1234-4567

※ 여러 사람이 함께 가는 (3) _____ 이기 때문에 개인 행동 금지

3. 밑줄 친 부분을 가장 잘 설명한 것을 고르세요.

(1) 기침이 <u>심해서</u> 병원에 다녀왔어요.

① 정도가 지나쳐서　　　　　② 서로 관계가 있어서

③ 같은 상태가 오래 계속되어서　④ 어떤 모습이 겉으로 보여서

(2) 나는 멋진 선물을 <u>기대하며</u> 상자를 열었다.

① 어떤 일이 일어나 즐거워하며

② 어떤 일에 대해 오래 생각하며

③ 어떤 일이 이루어지기를 바라며

④ 다른 사람에게 어떤 일을 시키며

4. 알맞은 것을 골라 〈보기〉와 같이 문장을 완성하세요.

| 젖다 | 빠트리다 | 입원하다 | 저렴하다 |

〈보기〉

책상에 물을 쏟아서 책이 모두 <u>젖었어요</u>.

(1) 친구가 어제 교통사고가 나서 병원에 _____ .

(2) 이 가게에는 값이 _____ 기념품이 많아요.

(3) 수학여행을 갈 때 비상약을 _____ 가져오지 않았어요.

1. '–어/아/여 가지고'를 사용하여 〈보기〉와 같이 대화를 완성하세요.

〈보기〉

> 가 : 어쩌다가 다리를 다쳤어?
> 나 : 친구하고 장난치다가 <u>넘어져 가지고</u> 다리를 다쳤어. (넘어지다)

(1) 가 : 왜 이렇게 늦게 왔어?

　　나 : 버스를 ＿＿＿＿＿＿＿ 제시간에 못 왔어. (놓치다)

(2) 가 : 어제 학교에 왜 안 왔어?

　　나 : 배가 ＿＿＿＿＿＿ 학교에 못 왔어. (아프다)

(3) 가 : 가족들과 부산에 잘 다녀왔어?

　　나 : 아니. 비가 많이 ＿＿＿＿＿＿ 다음 주로 미뤘어. (오다)

2. '–어/아/여 가지고'를 사용하여 〈보기〉와 같이 문장을 쓰세요.

〈보기〉

> 지갑을 잃어버리다, 집까지 걸어오다
>
> → <u>지갑을 잃어버려 가지고 집까지 걸어왔어요</u>.

(1) 가방에 책이 많이 들어 있다, 가방이 무겁다

　→ ＿＿＿＿＿＿＿＿＿＿＿＿＿＿＿＿＿＿＿＿.

(2) 차가운 음식을 너무 많이 먹다, 배탈이 나다

　→ ＿＿＿＿＿＿＿＿＿＿＿＿＿＿＿＿＿＿＿＿.

(3) 도서관 이용 시간이 끝나다, 책을 못 빌리다

　→ ＿＿＿＿＿＿＿＿＿＿＿＿＿＿＿＿＿＿＿＿.

1. '-어/아/여 오다'를 사용하여 〈보기〉와 같이 대화를 완성하세요.

> 〈보기〉
>
> 가 : 와니 너는 한국어를 정말 잘한다.
>
> 나 : 고마워. 난 어렸을 때부터 한국어를 <u>공부해 왔잖아</u> . (공부하다)

(1) 가 : '청소년 문화 축제'에 대해서 들어 봤어?

　나 : 응, 알지. 3년 전부터 시에서 _____ 축제야. (진행하다)

(2) 가 : 소연아, 너는 서울 말고 다른 도시에서 지내 본 적 있어?

　나 : 없어. 태어나서 지금까지 계속 서울에서만 _____ . (생활하다)

(3) 가 : 호민아, 축하해. 우승한 기분이 어때?

　나 : 오랫동안 _____ 경기에서 우승하니까 정말 행복해. (준비하다)

2. '-어/아/여 오다'를 사용하여 〈보기〉와 같이 대화를 완성하세요.

> 가 : 가수로 〈보기〉 <u>활동해 온 지</u> 50년이나 되셨는데요. 정말 대단하십니다.
> 　　　　　　　(활동하다)
>
> 나 : 저를 사랑해 주신 국민들 덕분에 가능한 일입니다.
>
> 가 : 50년 동안 국민들에게 사랑 (1) _____ 이유가 무엇이라고 생각하
> 　　　　　　　　　　　　　　(받다)
> 　　십니까?
>
> 나 : 그동안 국민들이 공감할 수 있는 주제와 희망을 담은 노래를 많이
> 　　(2) _____ 때문인 것 같습니다.
> 　　　(부르다)
>
> 가 : 마지막으로 어떻게 하면 그렇게 노래를 잘할 수 있는지 방법 좀 알려
> 　　주십시오.
>
> 나 : 음, 특별한 방법은 없습니다. 매일 4시간 이상 꾸준히 (3) _____
> 　　　　　　　　　　　　　　　　　　　　　　　　　　(연습하다)
> 　　것이 노래를 잘하는 데에 도움이 되었다고 생각합니다.

1. '-거든(요)'을 사용하여 〈보기〉와 같이 대화를 완성하세요.

> 〈보기〉
>
> 가: 아직 약속 시간이 많이 남았는데 벌써 출발하려고?
>
> 나: 응. 주말에는 길이 많이 막혀서 평소보다 시간이 더 <u>걸리거든</u>.
>
> (걸리다)

(1) 가: 짐이 무거워 보이는데 내가 좀 도와줄까?

　　나: 괜찮아. 이게 무거워 보여도 사실은 _____. (가볍다)

(2) 가: 옷이 왜 이렇게 커?

　　나: 인터넷으로 산 거라서 옷을 못 입어 보고 _____. (사다)

(3) 가: 호민아, 배고플 텐데 밥 좀 더 줄까?

　　나: 아니에요, 엄마. 배불러요. 조금 전에 간식으로 친구들하고 빵을
　　　　_____. (먹다)

2. '-거든(요)'을 사용하여 〈보기〉와 같이 대화를 완성하세요.

> 가: 영수야, 기분이 좋아 보인다.
>
> 나: 어제 가족들하고 세계음식문화 축제에 〈보기〉 <u>갔다 왔거든</u>.
> 　　　　　　　　　　　　　　　　　　　　(갔다 오다)
>
> 가: 거기에서 뭐 했어?
>
> 나: 세계 여러 나라 음식도 먹고, 공연도 봤어.
>
> 가: 음식이 비싸지 않아?
>
> 나: 우린 학생이라서 돈을 안 내도 돼. 학생증을 보여 주면 세계 여러 나라의
> 　　음식 중에 하나를 선택해서 무료로 (1) _____.
> 　　　　　　　　　　　　　　　　　　(먹을 수 있다)
>
> 가: 정말? 다음 주말에 나랑 한 번 더 갈래?
>
> 나: 다음 주말에 가면 늦어. 축제가 내일 (2) _____. 내일 오후에
> 　　　　　　　　　　　　　　　　(끝나다)
>
> 　　가자. 내일이 축제 마지막 날이라서 유명한 가수가 많이 (3) _____.
> 　　　　　　　　　　　　　　　　　　　　　　　　　　　(오다)

1. '–어/아/여 있다'를 사용하여 〈보기〉와 같이 대화를 완성하세요.

〈보기〉

> 가: 시험 준비 다 했어요?
> 나: 아니요. 아직 공부할 게 많이 <u>남아 있어요</u>. (남다)

(1) 가: 소연아, 미안해. 나 좀 늦을 거 같아.

    나: 알았어. 그럼 나 먼저 서점에 _____. (들어가다)

(2) 가: 교실에 왜 안 들어가고 밖에 있어요?

    나: 교실 문이 _____. 그래서 들어갈 수 없어요. (잠기다)

(3) 가: 소연아, 동생은 뭐 하니?

    나: 지금 침대에 _____. (눕다)

2. '–어/아/여 있다'를 사용하여 〈보기〉와 같이 쓰세요.

〈보기〉

지우개가 바닥에 <u>떨어져 있어요</u>.

(1)

    나나가 공원 벤치에 _____.

(2)

    교실 창문이 _____.

☑ 아는 것에 ✔하세요.

영역	내용			
어휘	☐ 경비	☐ 기념품	☐ 기대하다	☐ 단체 여행
	☐ 먹을거리	☐ 볼거리	☐ 빠트리다	☐ 세면도구
	☐ 숙소	☐ 심하다	☐ 입원하다	☐ 저렴하다
	☐ 젖다	☐ 짐		
문법	☐ -어/아/여 가지고		☐ -어/아/여 오다	
	☐ -거든(요)		☐ -어/아/여 있다	

금강산도 식후경

금강산은 강원도에 있는 유명하고 아름다운 산이에요. '금강산도 식후경'은 아름다운 금강산의 경치도 밥을 먹은 후에 구경해야 제대로 볼 수 있다는 말이에요. 이것은 아무리 재미있는 일이 눈앞에 있어도 배가 고파서 흥미가 생기지 않을 때에도 사용할 수 있어요. 여행을 다니거나 무슨 일을 할 때 배가 고파서 그 일이 잘 진행되지 않으면 "금강산도 식후경이라고 하는데 밥부터 먹고 하는 게 어때요?"라고 말해 보세요.

8과 · 연습하는 만큼 실력이 늘고 있는 거지

학습 목표

자신이 한 실수에 대해 변명할 수 있다.
자신의 능력을 자랑할 수 있다.

더 배워요(선택)
여가와 운동

꼭 배워요(필수)
운동하기

학습 도구(선택)
8. 점검하기

어휘	줄넘기 조깅 오래달리기 볼링 배구 체조 요가 씨름 벌리다
	돌리다 굽히다 펴다 숨이 차다 땀이 나다 근육이 생기다
	공포 덜 모기 무조건 저축 평소 피하다

문법	너**만 아니면** 내가 무조건 1등인데.
	어제 밤 늦게까지 소설책을 읽**었더니** 피곤하네.
	연습하**는 만큼** 실력이 늘고 있는 거지.
	모둠 발표 준비하**느라고** 체조 연습을 거의 못했어.

1. 알맞은 것을 골라 〈보기〉와 같이 쓰세요.

| 펴다 | 굽히다 | 돌리다 | 벌리다 |

발목과 손목을 먼저 시계 방향으로 〈보기〉 돌리세요. 그리고 양쪽 다리를 넓게 (1) _____ 천천히 무릎을 (2) _____. 그리고 반대로 다시 무릎을 (3) _____. 똑같은 동작을 2~3회 반복합니다. 이렇게 준비 운동을 한 다음에 운동을 시작하면 다치지 않고 안전하게 운동을 할 수 있습니다.

2. 알맞은 것을 골라 〈보기〉와 같이 쓰세요.

| 땀 | 근육 | 요가 | 줄넘기 |

몸이 부드러워지는 〈보기〉 '요가', 지금 당장 시작해 보세요!

요즘 주변에서 요가를 하는 사람들을 많이 볼 수 있으시지요? 요가는 (1) _____ 이/나 달리기처럼 적극적으로 뛰거나 움직이는 운동이 아니기 때문에 (2) _____ 이/가 안 날 것 같다고요? 절대 그렇지 않습니다. 요가를 하면 평소에 잘 안 쓰는 (3) _____ 을/를 사용해서 운동을 하기 때문에 몸이 부드러워지는 효과가 있습니다. 그리고 요가를 하면 스트레스가 풀리고 마음이 편안해집니다. 그래서 요즘 많은 사람들이 요가를 즐겨 합니다. 여러분도 지금 당장 시작해 보는 건 어떠십니까?

3. 밑줄 친 부분을 가장 잘 설명한 것을 고르세요.

(1) 부모님께서 내가 하는 일은 <u>무조건</u> 응원해 주신다.
　　① 감정 없이　　　　　　　　② 아무 계획 없이
　　③ 좋아하는 마음 없이　　　　④ 특별한 이유나 조건 없이

(2) 엘리베이터가 갑자기 멈추는 바람에 그 안에 있는 사람들 모두 <u>공포</u>에 떨었어요.
　　① 불편한 마음　　　　　　　② 걱정하는 마음
　　③ 깜짝 놀란 마음　　　　　　④ 무섭고 불안한 마음

4. 〈보기〉에서 알맞을 말을 골라 문장을 완성하세요.

| 씨름　　　차다　　　피하다　　　오래달리기 |

〈보기〉

학교에 지각하지 않으려면 열심히 뛰어야 하는데 숨이 <u>차서</u>
더 이상 뛸 수가 없어요.

(1) 날아오는 공을 _____ 위해서 나무 뒤에 숨었어요.

(2) _____은/는 마라톤과 비슷한 운동으로 800m나 1,000m를 달리는
운동이에요.

(3) _____은/는 두 사람이 하는 운동으로 힘과 기술로 상대를 넘어지게
하는 한국 전통 운동이에요.

1. '만 아니면'을 사용하여 〈보기〉와 같이 문장을 완성하세요.

> **〈보기〉**
>
> 친구 집<u>만 아니면</u> 너무 피곤해서 바로 잠이 들었을 거예요. (집)

(1) _____ 여름이 제일 좋아요. (장마)

(2) _____ 이번 주는 모두 괜찮아요. (내일)

(3) 오늘이 친구 _____ 그냥 집에 있었을 거예요. (생일)

2. '만 아니면'을 사용하여 〈보기〉와 같이 대화를 완성하세요.

> **〈보기〉**
>
> 가: 우리 이번 주말에 뭐 할까?
> 나: 등산<u>만 아니면</u> 다 좋아. 지난 주말에 가족들하고 함께 산에
>   다녀왔거든.

(1) 가: 넌 무슨 운동을 좋아해?

　나: _____ 다 좋아. 나는 물을 무서워하거든.

(2) 가: 우리 오늘 저녁에 뭐 먹을까?

　나: _____ 다 좋아. 점심에 라면을 먹어서.

(3) 가: 우리 어떤 동아리에 가입할까?

　나: _____ 다 좋아. 나는 춤추는 것을 안 좋아하거든.

1. '-었더니/았더니/였더니'를 사용하여 〈보기〉와 같이 문장을 완성하세요.

> 〈보기〉
>
> 매일 한 시간씩 한국 드라마를 <u>봤더니</u> 한국어 실력이 늘었어요. (보다)

(1) 커피를 _____ 잠이 안 와요. (마시다)

(2) 어젯밤에 _____ 얼굴이 부었어요. (라면을 먹고 자다)

(3) 요즘 매일 _____ 몸이 건강해진 것 같아요. (자전거를 타다)

2. '-었더니/았더니/였더니'를 사용하여 〈보기〉와 같이 문장을 쓰세요.

> 〈보기〉
>
> 할머니께 전화를 드리다, 할머니께서 좋아하시다
> → 할머니께 전화를 <u>드렸더니 할머니께서 좋아하셨어요</u>.

(1) 도서관에 늦게 가다, 시험 기간이라서 자리가 없다

   → _____.

(2) 하루 종일 굶다, 몸에 힘이 없다

   → _____.

(3) 신나는 음악을 듣다, 기분이 좋아지다

   → _____.

1. '-는/은/ㄴ 만큼'을 사용하여 〈보기〉와 같이 대화를 완성하세요.

〈보기〉

> 가 : 어떻게 하면 똑똑해질 수 있을까?
> 나 : 책을 읽는 만큼 아는 것이 많아질 거야. (읽다)

(1) 가 : 요즘 간식을 많이 먹었더니 살이 찐 것 같아.

　　나 : _____ 살이 찌는 것은 당연하지. (먹다)

(2) 가 : 이번 대회에서 떨어질 것 같아요.

　　나 : 열심히 _____ 좋은 결과가 있을 거예요. (준비하다)

(3) 가 : 과학이 발전하는 게 정말 좋은 걸까?

　　나 : 과학이 _____ 우리 생활이 더욱 편리해지잖아. (발전하다)

2. '-을/ㄹ 만큼'을 사용하여 〈보기〉와 같이 문장을 쓰세요.

〈보기〉

> 깜짝 놀라다, 성적이 많이 오르다
> → 깜짝 놀랄 만큼 성적이 많이 올랐어요.

(1) 다음에 다시 가고 싶다, 정말 재미있는 수학여행이다

　→ _____.

(2) 친구들이 생일 파티를 해 줬는데 눈물이 나다, 감동적이다

　→ _____.

(3) 반 친구들과 함께 먹을 수 있다, 어머니께서 간식을 챙겨 주시다

　→ _____.

1. '-느라고'를 사용하여 〈보기〉와 같이 대화를 완성하세요.

〈보기〉

가 : 왜 이렇게 늦었어. 약속 시간이 20분이나 지났잖아.
나 : 미안해. 텔레비전을 보느라고 약속을 깜빡했어. (텔레비전을 보다)

(1) 가 : 정호야, 수업 시간인데 왜 이렇게 졸아?

　　나 : 어제 ＿＿＿＿＿＿＿＿＿＿＿ 늦게 잤어. (만화책을 읽다)

(2) 가 : 수호야, 지금이 몇 시인데 이제 집에 들어오니?

　　나 : 친구들과 ＿＿＿＿＿＿＿＿ 시계를 못 봤어요. 죄송해요. (놀다)

(3) 가 : 유미야, 내가 아까부터 계속 불렀는데 못 들었어?

　　나 : 그랬어? 엄마랑 ＿＿＿＿＿＿＿ 부르는 소리를 못 들었어. (통화하다)

2. '-느라고'를 사용하여 〈보기〉와 같이 문장을 쓰세요.

〈보기〉

동생 숙제를 도와주다, 내 할 일을 못하다
→ 동생 숙제를 도와주느라고 내 할 일을 못했어요.

(1) 손을 씻다, 전화를 못 받다

　→ ＿＿＿＿＿＿＿＿＿＿＿＿＿＿＿＿＿＿＿＿＿＿＿＿.

(2) 친구에게 줄 선물을 사다, 용돈을 다 쓰다

　→ ＿＿＿＿＿＿＿＿＿＿＿＿＿＿＿＿＿＿＿＿＿＿＿＿.

(3) 오랜만에 친구를 만나다, 발표 준비를 하지 못하다

　→ ＿＿＿＿＿＿＿＿＿＿＿＿＿＿＿＿＿＿＿＿＿＿＿＿.

▨ 아는 것에 ✔하세요.

영역	내용			
어휘	☐ 공포	☐ 굽히다	☐ 근육	☐ 돌리다
	☐ 땀	☐ 무조건	☐ 벌리다	☐ 씨름
	☐ 오래달리기	☐ 요가	☐ 줄넘기	☐ 차다
	☐ 펴다	☐ 피하다		
문법	☐ 만 아니면		☐ –었더니/았더니/였더니	
	☐ –는/은/ㄴ/을/ㄹ 만큼		☐ –느라고	

원숭이도 나무에서 떨어진다

'원숭이도 나무에서 떨어진다.'는 익숙하고 잘하는 일이라도 가끔은 실수할 때가 있다는 의미예요. 즉, 자신이 잘할 수 있고 여러 번 해 본 일도 누구나 실수를 할 수 있다는 말이에요. 그렇기 때문에 항상 겸손하게 행동하고 모든 일에 노력하는 마음과 자세가 필요해요.

종합 연습

[1-8] 빈칸에 알맞은 것을 고르세요. (각 5점)

1. 학급 게시판을 어떻게 _____ 생각 좀 하고 있어. **#2과 46쪽**

   ① 꾸밀지　　② 오릴지　　③ 접을지　　④ 챙길지

2. 다른 약도 필요하면 말해. _____ 을/를 이것저것 챙겨 왔거든. **#7과 136쪽**

   ① 두통약　　② 멀미약　　③ 비상약　　④ 소화제

3. 〈상록수〉의 _____ 은/는 1930년대의 시골 마을이다. **#5과 104쪽**

   ① 감상　　② 배경　　③ 인물　　④ 저자

4. 가: 유미야, 네가 사진 자료를 좀 찾아 줄래?

   나: 그래. 인터넷으로 _____ 되니까 빨리 찾아서 보내 줄게. **#3과 66쪽**

   ① 검색하면　　② 작성하면　　③ 저장하면　　④ 제출하면

5. 의자에 허리를 바르게 _____ 앉아서 왼쪽 다리를 오른쪽 허벅지 위로

   올린다. **#8과 158쪽**

   ① 펴고　　② 굽히고　　③ 돌리고　　④ 벌리고

6. 반장은 부지런해야 해. 그러니까 나는 이번에는 _____ 사람이 우리 반

   반장이 되면 좋겠어. **#1과 28쪽**

   ① 성실한　　② 조용한　　③ 내성적인　　④ 소극적인

7. 가: 호민아, 너 다른 사람을 도와주는 _____ 해 봤어?

   나: 그럼. 전에 국제 마라톤 대회에서 베트남어 할 사람이 필요하다고 해서

   해 봤어. **#4과 82쪽**

   ① 공연 관람　　② 봉사 활동　　③ 야외 활동　　④ 여가 활동

8. 우리 학교 신문 기자단이 되면 교내 행사 사진 직접 _____ , 학생 활동 소개하기 등 생활 이야기를 학교 홈페이지에 전할 수 있습니다. **#6과 122쪽**

① 올리기   ② 들어가기   ③ 모집하기   ④ 신청하기

[9-16] 빈칸에 알맞은 것을 고르세요. (각 5점)

9. 가: 연습 장소는 어떤 곳이 좋을까요?

나: 우리 반 학생들이 다 같이 _____ 넓은 장소가 필요합니다. **#1과 30쪽, 21쪽**

① 연습하다가   ② 연습하면서   ③ 연습하기 위해   ④ 연습하기 전에

10. 가: 민우야, 지난번에 네가 얘기한 〈가족〉 영화 DVD 좀 빌려줄 수 있어?

나: 아, 그거 세인이 거야. 네가 세인이한테 빌려줄 수 _____ 물어봐.

#4과 84쪽, 77쪽

① 있다고   ② 있자고   ③ 있느냐고   ④ 있으라고

11. 가: 너도 할 일이 _____ 나 때문에 늦어져서 어떡해? 지금이라도 빨리 가야 되는 거 아냐?

나: 아니야. 난 지금 해도 안 늦어. **#5과 100쪽, 93쪽**

① 있어서   ② 있은지   ③ 있었을 때   ④ 있었을 텐데

12. 가: 엄마, 요새 공부가 잘 안돼요. 방 분위기를 바꾸면 공부가 잘될 것 같아요.

나: 그래? 그럼 가구를 새로 사 줄까? 책장이 작지 않아? 책이 많아서 이렇게 _____ . **#2과 48쪽, 41쪽**

① 쌓아 봐   ② 쌓을래   ③ 쌓아 뒀네   ④ 쌓기로 했네

13. 가: 첨성대가 뭐 하는 곳인데?

나: 예전에 별을 관찰한 곳이래. 옛날 사람들은 별을 보고 많은 것을 예측했대. 지금도 예전 모습 그대로 _____ . **#7과 138쪽, 131쪽**

① 남아 있대   ② 남으면 좋겠어   ③ 남았는지 알았어요   ④ 남을 수밖에 없어요

14. 가: 애들아, 우리 모둠 과제 제출 날짜가 다 되어 가. _____ 빨리 계획을 세워야
　　　할 것 같아.

　　나: 시간이 일주일이나 남았는데 벌써 준비해? #3과 64쪽, 58쪽

　　① 과제를 하는데　　② 과제를 하니까　　③ 과제를 하려고　　④ 과제를 하려면

15. 가: 노트북이 고장 난 것 같은데 내일 서비스 센터에 같이 가 줄 수 있어? 네가 컴퓨터
　　　잘 아니까 같이 _____ 안심이 될 것 같아.

　　나: 그래. 특별한 일도 없으니까 같이 가 줄게. #6과 118쪽, 112쪽

　　① 가고　　　　② 가게　　　　③ 가 준다면　　④ 가 본 적이

16. 가: 아, 힘들어. 너도 얼마 전까지 자전거 탈 때 엄청 힘들어했잖아. 그런데 언제
　　　이렇게 체력이 좋아졌어?

　　나: 주말마다 공원에서 자전거를 탔거든. 그렇게 몇 달 _____ 체력이 좋아졌어.

　　　　　　　　　　　　　　　　　　　　　　　　　　#8과 156쪽, 147쪽

　　① 타거나　　　② 탔더니　　　③ 타려면　　　④ 타느라고

17. 다음을 듣고 들은 내용과 <u>다른</u> 것을 고르세요. #3과 64쪽, 161쪽

　　① 여자와 남자는 같은 조입니다.

　　② 과제는 일주일 뒤에 제출하면 됩니다.

　　③ 남자는 벌써 과제를 모두 끝냈습니다.

　　④ 남자는 집에 가기 전에 조원들과 함께 이야기를 하려고 합니다.

18. 다음을 듣고 들은 내용과 <u>다른</u> 것을 고르세요. #5과 100쪽, 162쪽

　　① 여자는 남자를 도와줄 겁니다.

　　② 남자는 오늘 도서관에 처음 갑니다.

　　③ 남자는 도서관 출입증을 만들었습니다.

　　④ 여자와 남자는 도서관 앞에서 만나기로 했습니다.

(   )

대한중학교 1학년 김안나

나는 6개월 전부터 대한중학교에 다니고 있다. 지난 반년 동안 나는 학교에서 선생님과 한국어 공부를 많이 했다. 그리고 우리 반 친구들과 즐거운 시간을 함께 보내면서 우정을 나눴다. 학교에서 나는 친구들과 모둠 활동을 많이 한다. 반 친구들과 함께 체험 활동, 동아리 활동, 봉사 활동을 해 보았다. 그리고 댄스 동아리에 들어가자마자 발표회 연습에 참여하여 거리 공연을 같이 한 적도 있다. 나는 여가 시간에도 우리 반 친구들하고 같이 논다. 반 친구들과 같이 하면 더 즐겁다. 어떤 친구들은 학교생활이 어렵다고 한다. 나는 그런 친구들에게 학교 친구들과 잘 지내면 학교생활이 더 쉬워진다고 꼭 말해 주고 싶다.

19. (   )에 알맞은 제목을 고르세요.

① 힘든 학교생활

② 나의 취미 활동

③ 여러 가지 학교 활동

④ 친구들과 보낸 나의 반년

20. 이 글의 내용과 다른 것을 고르세요.

① 안나는 학교생활을 어려워하고 있다.

② 안나는 학교 친구들과 어울리는 것을 좋아한다.

③ 안나는 학교에 다니면서 여러 가지 활동에 참여했다.

④ 안나는 댄스 동아리 친구들과 거리 공연을 한 적이 있다.

●자가 확인

[1-4]

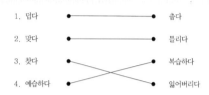

1. 덥다 ●————————● 춥다
2. 맞다 ●————————● 틀리다
3. 찾다 ●————————● 복습하다
4. 예습하다 ●————————● 잃어버리다

[5-8]

5. ③
6. ④
7. ③
8. ③

[9-12]

9. ④
10. ③
11. ③
12. ④

[13-16]

13. ①
14. ①
15. ③
16. ③

[17-18]

17. ④
18. ①

[19-20]

19. ○
20. ×

●1과 네가 꼭 반장이 되면 좋겠다

어휘를 익혀요

1. (1) 찬성합니다
   (2) 반대합니다
   (3) 투표해
2. (1) 사교적이라서
   (2) 내성적인
   (3) 책임감이 있는
3. (1) ①
   (2) ②
4. (1) 응원해
   (2) 밝은
   (3) 자유롭게

문법을 익혀요 1

1. (1) 맑으면 좋겠어요
   (2) 크면 좋겠어요
   (3) 만나면 좋겠어
2. (1) [예시 답안] 박물관으로 가면 좋겠어
   (2) [예시 답안] 아나운서가 되면 좋겠어
   (3) [예시 답안] 우리 가족이 건강하면 좋겠어요

문법을 익혀요 2

1. (1) 빌리기 위해서
   (2) 늦지 않기 위해서
   (3) 되기 위해서
2. (1) 외국인 친구를 사귀기 위해서 영어 공부를 해요
   (2) 시험을 잘 보기 위해서 밤늦게까지 공부를 해요
   (3) 반장을 뽑기 위해서 다음 주 학급 회의 시간에 투표를 해요

문법을 익혀요 3

1. (1) 맛있어 보여
   (2) 깨끗해 보여

(3) 바빠 보여

2. (1) 시원해 보여

(2) 아파 보여

문법을 익혀요 4

1. (1) 듣는 편이야

(2) 적은 편이야

(3) 사교적인 편이야

2. (1) 활발한 편이라서

(2) 바쁜 편이지만

●2과 나하고 와니가 청소를 할 테니까 너희는 게시판을 꾸며

어휘를 익혀요

1. (1) 빗자루로

(2) 대걸레로

(3) 청소 도구함

2. (1) 학사 일정과

(2) 학급 신문을

(3) 학급 문고

(4) 급훈을

3. (1) ③

(2) ③

4. (1) 옮겼어요

(2) 이겨서

(3) 자라서

문법을 익혀요 1

1. (1) 낫도록

(2) 잊어버리지 않도록

(3) 찾을 수 있도록

2. (1) 목이 쉬도록 노래를 불렀어요

(2) 손에 땀이 나도록 긴장했어요

(3) 일주일이 지나도록 친구에게서 답장이 없어요

문법을 익혀요 2

1. (1) 갈 테니까

(2) 맡아 놓을 테니까

(3) 할 테니까

2. (1) 내가 금방 갈 테니까 조금만 기다려

(2) 축구공은 내가 찾을 테니까 너는 체육복으로 갈아입어

(3) 내가 사물함 위를 정리할 테니까 네가 쓰레기를 버려

문법을 익혀요 3

1. (1) 영화를 보는 대신에

(2) 화장품을 사 드리는 대신에

(3) 생일을 써 붙이는 대신에

2. (1) 이 약은 입에 쓴 대신에 몸에 아주 좋아요

(2) 그 가게는 물건이 비싼 대신에 품질이 좋아요

(3) 형이 들어간 회사는 할 일이 많은 대신에 월급을 많이 줘요

문법을 익혀요 4

1. (1) 써 놓았어

(2) 세워 놓았어

(3) 예매해 놓았어

2. (1) 꾸며 놓았어요

(2) 사 놓았어요

●3과 이번 과제를 하려면 자료가 많이 있어야 해

어휘를 익혀요

1. (1) 독후감을

(2) 발표

(3) 조사해

2. (1) 참고해서

(2) 작성해서

(3) 제출하기

3. (1) ④

　　(2) ①

4. (1) 담아

　　(2) 바뀌어서

　　(3) 저장해

문법을 익혀요 1

1. (1) 놀잖아

　　(2) 멀잖아

　　(3) 개교기념일이잖아요

2. (1) [예시 답안] 지금 비가 오잖아

　　(2) [예시 답안] 퇴근 시간이잖아

　　(3) [예시 답안] 아프잖아

문법을 익혀요 2

1. (1) 끝나 가요

　　(2) 되어 가요

　　(3) 변해 가요

2. (1) 어제 도서관에서 책을 빌렸는데 거의 다
　　　읽어 가요

　　(2) 지금 점심을 먹는 중인데 다 먹어 가요

　　(3) 오늘 집에서 대청소를 하는 날이라서 할
　　　일이 진짜 많았는데 거의 다 해 가요

문법을 익혀요 3

1. (1) 가려면

　　(2) 찾으려면

　　(3) 나가려면

2. (1) 춤을 잘 추려면 연습을 많이 해야 해요

　　(2) 영화관에서 할인을 받으려면 학생증을 보여
　　　줘야 해요

문법을 익혀요 4

1. (1) 먹어도

　　(2) 피곤해도

　　(3) 떠들어도

2. (1) 보내도

　　(2) 아파도

　　(3) 있어도

● 4과 정호는 공연장에 조금 늦게 도착한다고 해

어휘를 익혀요

1. (1) 실망한

　　(2) 어려움

　　(3) 우정

2. (1) 사과하는

　　(2) 오해한

　　(3) 나빠지게

3. (1) ④

　　(2) ①

4. (1) 들어서

　　(2) 져서

　　(3) 모집해요

문법을 익혀요 1

1. (1) 일어나자마자

　　(2) 받자마자

　　(3) 바뀌자마자

2. (1) 밥을 먹자마자 눕는 것은 좋지 않아요

　　(2) 내년에 졸업을 하자마자 운전을 배울 거예요

　　(3) 오늘 학교에서 돌아오자마자 숙제를 했어요

문법을 익혀요 2

1. (1) 쏟고 말았어요

　　(2) 끊기고 말았어요

　　(3) 걸리고 말았어요

2. (1) 지각하고 말았어

　　(2) 죽고 말았어

　　(3) 사고 말았어

문법을 익혀요 3

1. (1) 읽는다고
   (2) 도착한다고
   (3) 많다고
2. (1) 바람이 많이 분다고 해요
   (2) 다리를 다쳤다고 해

문법을 익혀요 4

1. (1) 되느냐고/되냐고
   (2) 어려우냐고/어렵냐고
   (3) 마음에 드느냐고/드냐고
2. (1) 어떻겠느냐고/어떻겠냐고
   (2) 맛있었느냐고/맛있었냐고
   (3) 없느냐고/없냐고

●5과 저 책 정말 재미있나 보다

어휘를 익혀요

1. (1) 인물을
   (2) 줄거리를
   (3) 저자가
2. (1) 꽂아
   (2) 대출
   (3) 반납해
3. (1) ③
   (2) ④
4. (1) 눌러도
   (2) 지루했어요
   (3) 공감할

문법을 익혀요 1

1. (1) 키우나 봐
   (2) 막히나 봐
   (3) 재미있나 봐
2. (1) 민우가 뛰어가는 것을 보니까 급한 일이 있나
   봐

(2) 정호가 기분이 좋은 것을 보니까 시험을 잘
   봤나 봐
(3) 세인이가 빵을 먹고 있는 것을 보니까 아침을
   안 먹고 학교에 왔나 봐

문법을 익혀요 2

1. (1) 바쁘실 텐데
   (2) 막힐 텐데
   (3) 어려울 텐데
2. (1) 너도 할 일이 많을 텐데 도와줘서 고마워
   (2) 주말이라서 기차표가 없을 텐데 걱정이네요
   (3) 가족들이 걱정할 텐데 빨리 집에 전화하
   세요

문법을 익혀요 3

1. (1) 기다리라고
   (2) 보내라고
   (3) 먹으라고
2. (1) 조용히 하라고 하셨어
   (2) 사진을 찍지 말라고 했어

문법을 익혀요 4

1. (1) 들어가자고
   (2) 듣자고
   (3) 보자고
2. (1) 만나자고
   (2) 말자고
   (3) 기억하자고

●6과 파일을 다운로드하는 중이야

어휘를 익혀요

1. (1) 아이디를
   (2) 다운로드를
   (3) 로그아웃을
2. (1) 버튼을

(2) 올릴

(3) 화면이

3. (1) ④

   (2) ④

4. (1) 맞는

   (2) 빈자리가

   (3) 범위가

문법을 익혀요 1

1. (1) 끝내고 나서

   (2) 예습하고 나서

   (3) 먹고 나서

2. (1) 울고 나면 스트레스가 좀 풀려요

   (2) 너도 이 책을 읽고 나면 생각이 달라질 거야

   (3) 한국 문화를 알고 나면 한국어를 더 좋아

   하게 될 거야

문법을 익혀요 2

1. (1) 오는 중이에요

   (2) 내려받는 중이에요

   (3) 만드는 중이에요

2. (1) 정호와 호민이가 급식실에서 밥을 먹고

   있는 중이에요

   (2) 안나가 교실에서 음악을 듣고 있는 중이

   에요

문법을 익혀요 3

1. (1) 먹는다면

   (2) 있다면

   (3) 공부한다면

2. (1) 만약 나에게 동생이 생긴다면 매일 놀아

   줄 거예요

   (2) 좋아하는 영화배우를 만난다면 함께 사진

   을 찍을 거예요

   (3) 오늘 저녁에 우리 집에 친구가 온다면

   맛있는 음식을 만들어 줄 거예요

문법을 익혀요 4

1. (1) 버릴 수밖에 없었어요

   (2) 살 수밖에 없었어요

   (3) 걸릴 수밖에 없었어요

2. (1) 집에 다시 갔다 올 수밖에 없었어

   (2) 내가 대회에 나간 수밖에 없었어

   (3) 살 수밖에 없었어

●7과 경치가 정말 멋지고 볼거리가 다양하거든

어휘를 익혀요

1. (1) 먹을거리가

   (2) 기념품을

   (3) 짐을

2. (1) 숙소

   (2) 세면도구

   (3) 단체 여행

3. (1) ①

   (2) ③

4. (1) 입원했어요

   (2) 저렴한

   (3) 빠르고

문법을 익혀요 1

1. (1) 놓쳐 가지고

   (2) 아파 가지고

   (3) 와 가지고

2. (1) 가방에 책이 많이 들어 있어 가지고 가방이

   무거워요

   (2) 차가운 음식을 너무 많이 먹어 가지고

   배탈이 났어요

   (3) 도서관 이용 시간이 끝나 가지고 책을 못

   빌렸어요

문법을 익혀요 2

1. (1) 진행해 온

   (2) 생활해 왔어

   (3) 준비해 온

2. (1) 받아 온

   (2) 불러 왔기

   (3) 연습해 온

문법을 익혀요 3

1. (1) 가볍거든

   (2) 샀거든

   (3) 먹었거든요

2. (1) 먹을 수 있거든

   (2) 끝나거든

   (3) 오거든

문법을 익혀요 4

1. (1) 들어가 있어

   (2) 잠겨 있어요

   (3) 누워 있어요

2. (1) 앉아 있어요

   (2) 깨져 있어요

●**8과 연습하는 만큼 실력이 늘고 있는 거지**

어휘를 익혀요

1. (1) 벌리고

   (2) 굽히세요

   (3) 펴세요

2. (1) 줄넘기나

   (2) 땀이

   (3) 근육을

3. (1) ④

   (2) ④

4. (1) 피하기

(2) 오래달리기는

(3) 씨름은

문법을 익혀요 1

1. (1) 장마만 아니면

   (2) 내일만 아니면

   (3) 생일만 아니면

2. (1) [예시 답안] 수영만 아니면

   (2) [예시 답안] 라면만 아니면

   (3) [예시 답안] 춤추는 것만 아니면

문법을 익혀요 2

1. (1) 마셨더니

   (2) 라면을 먹고 잤더니

   (3) 자전거를 탔더니

2. (1) 도서관에 늦게 갔더니 시험 기간이라서 자리가 없었어요

   (2) 하루 종일 굶었더니 몸에 힘이 없어요

   (3) 신나는 음악을 들었더니 기분이 좋아졌어요

문법을 익혀요 3

1. (1) 먹는 만큼

   (2) 준비하는 만큼/준비한 만큼

   (3) 발전하는 만큼/발전한 만큼

2. (1) 다음에 다시 가고 싶을 만큼 정말 재미있는 수학여행이었어요

   (2) 친구들이 생일 파티를 해 줬는데 눈물이 날 만큼 감동적이었어요

   (3) 반 친구들과 함께 먹을 수 있을 만큼 어머니께서 간식을 챙겨 주셨어요

문법을 익혀요 4

1. (1) 만화책을 읽느라고

   (2) 노느라고

   (3) 통화하느라고

2. (1) 손을 씻느라고 전화를 못 받았어요

   (2) 친구에게 줄 선물을 사느라고 용돈을 다

썼어요

(3) 오랜만에 친구를 만나느라고 발표 준비를
하지 못했어요

종합 연습

[1-8]
1. ①
2. ③
3. ②
4. ①
5. ①
6. ①
7. ②
8. ①

[9-16]
9. ③
10. ③
11. ④
12. ③
13. ①
14. ④
15. ③
16. ②

[17]
17. ③

[18]
18. ③

[19-20]
19. ④
20. ①

기획·담당 연구원 —

정혜선 국립국어원 학예연구사
이승지 국립국어원 연구원
박지수 국립국어원 연구원

집필진 —

책임 집필

심혜령 배재대학교 국어국문·한국어교육학과 교수

공동 집필

내용 집필

박석준 배재대학교 국어국문·한국어교육학과 교수
김윤주 한성대학교 크리에이티브인문학부 교수
문정현 배재대학교 미래역량교육부 교수
이미향 영남대학교 국제학부 교수
이숙진 경희대학교 국제교육원 강사
이은영 전북대학교 언어교육부 강사
홍종명 한국외국어대학교 한국어교육과 교수
오현아 강원대학교 국어교육과 교수
이선중 경희대학교 국제교육원 객원교수
황성은 배재대학교 글로벌교육부 교수

연구 보조원

김경미 건양대학교 국제교류원 한국어교육센터 강사
김세정 한남대학교 한국어교육원 강사
최성렬 호서대학교 한국어학당 강사
김미영 우석대학교 한국어교육지원센터 강사
박현경 명지대학교 국제교류원 강사
이창석 배재대학교 한국어교육학과 석사 수료
주명진 인천영종고등학교 교사
김진희 대구북동중학교 교사

내용 검토

조영철 인천담방초등학교 교사
송정희 대덕중학교 교사

중고등학생을 위한

표준 한국어 익힘책

의사소통 3

ⓒ 국립국어원 기획 | 심혜령 외 집필

초판 1쇄 발행 | 2020년 1월 30일
초판 4쇄 발행 | 2023년 11월 7일

기획 | 국립국어원
지은이 | 심혜령 외
발행인 | 정은영
책임 편집 | 한미경
디자인 | 허석원, 이경진
일러스트 | 조은혜
사진 제공 | 셔터스톡

펴낸 곳 | 마리북스
출판 등록 | 제2019-000292호
주소 | (04037) 서울특별시 마포구 양화로 59 화승리버스텔 503호
전화 | 02)336-0729   팩스 | 070)7610-2870   이메일 | mari@maribooks.com
인쇄 | (주)신우인쇄

ISBN 979-11-89943-15-8 (54710)
       979-11-89943-09-7 (set)